Göksel Egemenlik II

"On iki kapı on iki inciydi;
kapıların her biri birer inciden yapılmıştı.
Kentin anayolu cam saydamlığında saf altındandı."
(Vahiy 21:21)

Göksel Egemenlik II

Tanrı'nın Görkemiyle Dolu

Dr Jaerock Lee

Göksel Egemenlik II Yazar: Dr Jaerock Lee
Urim Kitapları tarafından yayınlanmıştır (Temsilci: Seongnam Vin)
73, Yeouidaebang-ro 22-gil, Dongjak-gu, Seoul, Korea
www.urimbooks.com

Yayınevinin yazılı izni olmadan bu yayının herhangi bir biçimde çoğaltılması, bilgisayar ortamında kullanılması, fotokopi yoluyla dağıtılması veya herhangi bir şekilde (elektronik, mekanik, kayıt) yayınlanması yasaktır.

Aksi belirtilmedikçe, tüm alıntılar Türkçe Kutsal Kitap'tan alınmıştır. Eski Antlaşma © The Bible Society in Turkey, 2001 Yeni Antlaşma © Thre Translation Trust, 1987, 1994, 2001.

Telif Hakkı © 2017 Dr. Jaerock Lee
ISBN: 979-11-263-0297-0 04230
ISBN: 979-11-263-0296-3 (set)
Çeviri Hakkı © 2009 Dr. Esther K. Chung. İzin alınmıştır.

Daha önce Kore dilinde Urim Kitapları tarafından 2002 yılında yayınlanmıştır.

İlk Baskı Nisan 2017

Editör: Dr. Geumsun Vin
Urim Kitapları Yazı İşleri Ofisi tarafından tasarlanmıştır.
Prione Matbaacılık tarafından basılmıştır
Daha fazla bilgi için: urimbook@hotmail.com

 Önsöz

Tanrı'nın gerçek çocuğu olmanız ve O'nun sevgisinin bolca taştığı Yeni Yeruşalim'de sonsuz mutluluk ve sevinçle gerçek sevgiyi paylaşmanız için dua ediyorum.

Önce *Göksel Egemenlik I: Kristal gibi Berrak ve Güzel* ve şimdi de *Göksel Egemenlik II: Tanrı'nın Görkemiyle Dolu* kitaplarını yayınlamamız için bizi kutsayan ve göklerde ki yaşamı bana olabildiğince net ifşa eden Babamız Tanrı'ya şükran ve övgülerimi sunuyorum.

Çok uzunca bir zaman, gökleri detaylıca öğrenebilmeye özlem duyarak dua etmeye ve oruç tutmaya devam ettim. Yedi senenin sonunda Tanrı dualarımın karşılığını verdi ve bu gün ruhani hükümranlıkla ilgili çok daha derin sırları ifşa etmektedir.

İki kitaptan oluşan *Göksel Egemenlik I & II* serisinin ilkinde, kısaca göklerde ki çeşitli yerleri tanıttım, onları cennet, göğün birinci, ikinci ve üçüncü katı ve son olarak da Yeni Yeruşalim olarak sınıflandırdım. Bu ikinci kitapta, göklerde ki en güzel ve en görkemli yer olan Yeni Yeruşalim'e büyük ölçüde yer vereceğim. Sevgi Tanrı'sı, Yeni Yeruşalim'i elçi Yuhanna'ya göstermiş ve Kutsal Kitap'a yazmasına izin vermişti. Bu gün ise İsa'nın görüneceği gün çok yaklaştığından, Tanrı sayısız insanın üzerine Kutsal Ruh'u yağdırmakta ve gökleri çok daha detaylıca ifşa etmektedir. Böylelikle tüm dünya üzerinde ki inanmayan insanlar, gökler ve cehennemden oluşan ölüm sonrası yaşama inanacak, Mesih'e olan inançlarını dile getiren insanlar, Mesih'te zafer dolu hayatlar sürecek ve tüm dünya üzerinde müjdeyi yaymak için her türlü güçlüğe göğüs gereceklerdir.

Yahudi olmayanlara müjdeyi duyurmakla görevli elçi Pavlus bu yüzden ruhani oğlu Timoteos'a şöyle nasihat etmiştir: *"Ama sen her durumda ayık ol, sıkıntıya göğüs ger, müjdeci olarak işini yap, görevini tamamla"* (2. Timoteos 4:5).

Tanrı, dünyanın dört bir yanına duyurabileyim diye bana net bir şekilde göksel egemenliği ve cehennemi ifşa etti. Tanrı, herkesin kurtulmasını arzular ve tek bir canın bile cehenneme düşmesini istemez. Dahası, Tanrı olabildiğince çok insanın Yeni

Yeruşalim'e girmesini ve sürekli orada ikamet etmesini ister. Bu sebeple, Kutsal Ruh'un ilhamı yoluyla Tanrı tarafından ifşa edilen mesajları kimse ne yargılamalı, ne de kınamalıdır.

Göksel Egemenlik II'de zamanın başlangıcından çok önce var olan Tanrı'nın görünüşü, Tanrı'nın tahtı ve bunun gibi göklerin birçok sırlarını keşfedeceksiniz. İnanıyorum ki, samimiyetle göklerin özlemi içinde olan insanlara bu detaylar olabildiğince mutluluk ve sevinç kaynağı olacaktır.

Ölçülmesi mümkün olmayan sevgi ve Tanrı'nın hayretlere düşüren gücüyle inşa edilmiş Yeni Yeruşalim Kenti, Tanrı'nın görkemiyle doludur. Yeni Yeruşalim, Tanrı'nın insanın yetiştirilmesi için kendini Üçlü Birlik haline sokan ruhani zirve ve Tahtının olduğu yerdir. Tüm kentin nasıl olağanüstü, güzel ve parlak bir yer olduğunu hayal edebiliyor musunuz? Hiçbir insan aklının asla derinlemesine kavrayamayacağı öylesine inanılmaz ve kutsal bir yerdir.

Bu sebeple, kurtuluşa nail olan herkesin Yeni Yeruşalim

ile ödüllendirilmeyeceğini anlamalısınız. Ancak yeryüzünde uzun yetiştirilmeleri sonucunda yürekleri saf ve bir kristal gibi berrak olabilen Tanrı'nın çocukları, Yeni Yeruşalim ile ödüllendirilecektir.

Yönetici Geumsun Vin ve yazı işlerinde ki sadık çalışanlarına ve tercüme bürosuna teşekkürlerimi sunarım.

Bu kitabı okuyan herkesin Tanrı'nın bir çocuğu olabilmesi, Tanrı'nın görkemiyle dolu Yeni Yeruşalim'de sonsuz mutlulukla sevgilerini paylaşması için Rab'bin adıyla dua ediyorum.

Jaerock Lee

Giriş

Yeni Yeruşalim ile ilgili en şeffaf detayları öğrenirken kutsanmanız ve göklerde Tanrı'nın tahtına olabildiğince yakın sonsuz ikamet yerinde yaşamanız umuduyla...

Önce *Göksel Egemenlik I: Kristal gibi Berrak ve Güzel* ve şimdi de *Göksel Egemenlik II: Tanrı'nın Görkemiyle Dolu* kitaplarını yayınlamamız için bizi kutsayan Tanrı'ya şükran ve övgülerimi sunuyorum.

Bu kitap, gerek büyüklüğü, gerekse ihtişamı ve sunduğu yaşam ile göklerde ki en kutsal ve en güzel ikamet yeri olan Yeni Yeruşalim'i detaylıca anlatan dokuz bölümden oluşur.

1. Bölüm, "Yeni Yeruşalim: Tanrı'nın Görkemiyle Dolu": Yeni Yeruşalim'in genel bir görüntüsünü verir ve Tanrı'nın tahtı, Tanrı'nın kendinden Üçlü Birlik'i oluşturduğu ruhani hükümranlığının zirvesi gibi sırları açıklar.

2. Bölüm, "On iki Oymağın ve On iki Elçinin Adları": Yeni Yeruşalim Kentinin görünüşünü açıklar. Yüksek ve devasa surlarla çevrilmiştir ve dört köşede kentin kapılarına İsrail'in on iki oymağının adları kazınmıştır. Kenti çevreleyen on iki surun üzerinde on iki elçinin isimleri yazılıdır ve her bir yazının sebep ve önemi açıklanır.

3. Bölüm, "Yeni Yeruşalim'in Boyutu": Yeni Yeruşalim'in görüntü ve ebatlarını keşfedeceksiniz. Bu bölüm, Tanrı'nın niçin Yeni Yeruşalim'i altın kamışla ölçtüğünü ve kente girebilmek için, bir kişinin altın kamışla ölçülmüş geçerli ruhani yetkinliklere sahip olması gerektiğini açıklar.

4. Bölüm, "Saf Altın ve Her Renkten Değerli Taşlarla Yapılmıştır": Yeni Yeruşalim'in inşasında kullanılan her bir malzemeyi detaylıca anlatır. Tüm kent, saf altın ve değerli taşlarla donatılmıştır ve bu bölüm, onların renklerinin güzelliklerini, parlaklıklarını ve ışıklarını açıklar. İlaveten, Tanrı'nın tüm kenti cam saydamlığında altın ve yeşim taşıyla donatmasının sebebini açıklamasının yanında, bu bölüm, ayrıca ruhani imanın önemine değinir.

Giriş

5. Bölüm, "On iki Temelin Önemi": On iki temel üzerine inşa edilen Yeni Yeruşalim'in surlarıyla, yeşim, lacivert taşı, akik, zümrüt, damarlı akik, kırmızı akik, sarı yakut, beril, topaz, sarıca zümrüt, gökyakut ve ametist taşlarının güzelliklerini ve ruhani anlamlarını öğreneceksiniz. Her bir değerli taşın ruhani anlamını birbirine eklediğinizde İsa Mesih'in ve Tanrı'nın yüreğini keşfedeceksiniz. Bu bölüm sizleri, değerli, taşlarla sembolize edilen yürekleri başarmanıza teşvik eder. Ancak bunu başardığınızda Yeni Yeruşalim kentine girebilir ve sonsuza dek orada ikamet edebilirsiniz.

6. Bölüm, "On iki İnciden Kapı ve Altından Anayol": Tanrı'nın hem inciden yaptığı on iki kapının, hem de cam saydamlığında ki altından anayolun ruhani önemi vurgulanır. Nasıl midye büyük acılar ertesinde böylesine değerli bir inciyi üretiyorsa, sizler de iman ve umutla tüm zorluk ve sınamaların üstesinden gelerek Yeni Yeruşalim'in inciden yapılmış on iki kapısına doğru ilerlemenizi teşvik eder.

7. Bölüm: "Büyüleyici Görünüş": Bu bölüm sizleri her zaman aydınlık içersinde olan Yeni Yeruşalim'in kent surlarının içine

xi

götürür. "Tanrı ve Kuzu, kentin tapınağıdır" ibaresinin ruhani anlamını, Rab'bin kaldığı şatonun boyut ve güzelliğini ve Yeni Yeruşalim'e girerek Rab ile sonsuzluğu yaşamaya hak kazanan insanların görkemlerini öğreneceksiniz.

8. Bölüm, "Kutsal Kent Yeni Yeruşalim'i Gördüm": Bu bölüm sizlere, yeryüzünde imanlı ve kutsallaşmış hayat sürenlerden biri olan ve göklerde büyük ödülleri alan bir kişinin evini tanıtır. Çeşitli boyut ve ihtişamlarda ki göksel evler, tesisler ve genel yaşantı hakkında okuyarak, Yeni Yeruşalim'de sizi bekleyen mutlu günlere göz atacaksınız.

Dokuzuncu ve son bölüm, "Yeni Yeruşalim'de ki İlk Şölen", sizleri Büyük Beyaz Tahtın Yargısından sonra Yeni Yeruşalim'de yapılacak ilk şölene götürür. Tanrı'nın Tahtına yakın ikamet eden imanın atalarından bazılarını tanıtan *Göksel Egemenlik II*, her bir okuyucunun Yeni Yeruşalim'de Tanrı'nın Tahtına yakın olmalarını sağlayan bir kristal gibi saf ve berrak yüreklere sahip olmalarını dileyerek sonlanır.

Gökler hakkında ne kadar çok okursanız, o kadar şaşırtıcı bir

Giriş

hal alır. Göklerin "çekirdeği" sayılan Yeni Yeruşalim, Tanrı'nın tahtını bulacağınız yerdir. Eğer Yeni Yeruşalim'in güzelliği ve görkemini bilirseniz, gökleri tam bir samimiyet ve kesinlikle umut edersiniz ve Mesih'te ki yaşantınızda berrak bir zihne sahip olursunuz.

Bizim için göksel yerler hazırlamasının sona ermiş olacağı İsa'nın dönüş günü, artık bu gün çok yakındır. *Göksel Egemenlik II: Tanrı'nın Görkemiyle Dolu* adlı bu kitabı okuyarak sonsuz yaşama hazırlanacak olmanızı ümit ediyorum.

Yeni Yeruşalim'de ki yaşama beslediğiniz coşkun umutla kendinizi kutsallaştırıp Tanrı'nın tahtına yakın ikamet etmeniz ve Tanrı tarafından verilen tüm vazifelerinizde sadık olmanız için Rab Mesih İsa adına dua ediyorum.

Geumsun Vin,
Yazı İşleri Kurulu Yöneticisi

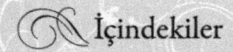 İçindekiler

Önsöz

Giriş

1. Bölüm   **Yeni Yeruşalim: Tanrı'nın Görkemiyle Dolu • 1**

    1. Tanrı'nın Tahtı Yeni Yeruşalim'dedir
    2. Tanrı'nın Asıl Tahtı
    3. Kuzu'nun Gelini
    4. Değerli Taşlar Gibi Işıl Işıl ve Kristal Gibi Berrak

2. Bölüm   **On iki Oymağın ve On iki Elçinin Adları • 15**

    1. Kapıları Koruyan On İki Melek
    2. İsrail'in On İki Kapıya Yazılmış On İki Oymağının Adı
    3. On İki Temel Taşa Yazılmış On İki Elçinin Adları

3. Bölüm   **Yeni Yeruşalim'in Boyutu • 35**

    1. Altın Kamışla Ölçüldü
    2. Kare Şeklinde ki Yeni Yeruşalim

4. Bölüm   **Saf Altın ve Her Renkten Değerli Taşlarla Yapılmıştır • 45**

    1. Saf Altın ve Her Çeşit Taşla Donatılmıştır
    2. Yeni Yeruşalim'in Duvarları Yeşim Taşından Yapılmıştır
    3. Cam Duruluğunda Saf Altından Yapılmıştır

5. Bölüm **On iki Temelin Önemi • 57**

    1. Yeşim: Ruhani İman
    2. Lacivert Taşı (Safir): Dürüstlük ve Bütünlük
    3. Akik: Masumiyet ve Fedakâr Sevgi
    4. Zümrüt: Doğruluk ve Temizlik
    5. Damarlı Akik: Ruhsal Sadakat
    6. Kırmızı Akik: Tutkulu Sevgi
    7. Sarı Yakut: Merhamet
    8. Beril: Sabır
    9. Topaz: İyilik
    10. Sarıca Zümrüt: Özdenetim
    11. Gökyakut: Saflık ve Kutsallık
    12. Ametist: Güzellik ve Yumuşak Huyluluk

6. Bölüm **On iki İnciden Kapı ve Altından Anayol • 103**

    1. On iki İnciden Kapı
    2. Altından Yapılmış Sokaklar

7. Bölüm **Büyüleyici Görünüş • 119**

    1. Ne Güneşin ne de Ayın Işığına İhtiyaç Yoktur
    2. Yeni Yeruşalim'in Kendinden Geçiren Sevinci
    3. Güveyimiz Rab İle Sonsuza Dek
    4. Yeni Yeruşalim Sakinlerinin Görkemi

8. Bölüm **Kutsal Kent Yeni Yeruşalim'i Gördüm • 145**

    1. Hayal Edilemeyecek Boyutlarda ki Göksel Evler
    2. Tam Bir Mahremiyetle Olağanüstü Bir Şato
    3. Göklerin Görülmeye Değer Yerleri

9. Bölüm **Yeni Yeruşalim'de ki İlk Şölen • 177**

    1. Yeni Yeruşalim'de ki İlk Şölen
    2. Göklerde ilk grupta yer alan peygamberler
    3. Tanrı'nın Nazarında Güzel Kadın
    4. Tanrı'nın Tahtına Yakın Oturan Mecdelli Meryem

1. Bölüm

Yeni Yeruşalim: Tanrı'nın Görkemiyle Dolu

1. Tanrı'nın Tahtı Yeni Yeruşalim'dedir
2. Tanrı'nın Asıl Tahtı
3. Kuzu'nun Gelini
4. Değerli Taşlar Gibi Işıl Işıl ve Kristal Gibi Berrak

Sonra melek beni Ruh'un yönetiminde büyük, yüksek bir dağa götürdü. Oradan bana gökten, Tanrı'nın yanından inen ve O'nun görkemiyle ışıldayan kutsal kenti, Yeruşalim'i gösterdi. Kentin ışıltısı çok değerli bir taşın, billur gibi parıldayan yeşim taşının ışıltısına benziyordu.

- Vahiy 21:10-11 -

Yeni Yeruşalim: Tanrı'nın Görkemiyle Dolu

Gökler, sevgi ve adaletin ta Kendisi olan Tanrı tarafından idare edilen dördüncü boyutta ki hükümranlıktır. Her ne kadar çıplak gözle görülemez olsa bile, kesinlikle vardır. Tanrı'nın kurtuluşa nail olan çocukları için hazırladığı en iyi armağan olan göklerde mutluluk, sevinç, şükran ve görkem nasıl coşkunlukla taşıyor olmalıdır?

Ancak göklerde farklı göksel ikamet yerleri vardır. Tanrı'nın Tahtının olduğu Yeni Yeruşalim'in yanı sıra, güçbelâ kurtulan insanların daimi ikamet yeri olan cennette vardır. Yeryüzünde nasıl çadırda ki bir hayatla kralın sarayında sürdürdüğü hayat arasında fark varsa, Yeni Yeruşalim'e girenlerle cennete girenler arasında da görkemler farklıdır.

Hâlbuki bazı insanlar "gökler" ve "Yeni Yeruşalim"in aynı yer olduğunu düşünür ve hatta bazıları Yeni Yeruşalim'in olduğunu bile bilmezler. Ne kadar da acıklı! Eğer gökler hakkında bilgi sahibi değilseniz, onu elde etmeniz de kolay olmaz. Öyleyse Yeni Yeruşalim'i bilmeyen biri, ona doğru nasıl yol alabilir?

Bu sebeple, Tanrı Yeni Yeruşalim'i elçi Yuhanna'ya ifşa etmiş ve Kutsal Kitap'a detaylıca yazmasına izin vermiştir. Vahiy 21, Yeni Yeruşalim'i derinlemesine anlatır ve Yuhanna sadece dışarıdan oraya bakarak duygulanmıştır.

Vahiy 21:10-11 açıkça şunu dile getirmiştir, *"Sonra melek beni Ruh'un yönetiminde büyük, yüksek bir dağa götürdü. Oradan bana gökten, Tanrı'nın yanından inen ve O'nun görkemiyle ışıldayan kutsal kenti, Yeruşalim'i gösterdi. Kentin ışıltısı çok değerli bir taşın, billur gibi parıldayan yeşim taşının ışıltısına benziyordu."*

Öyleyse Yeni Yeruşalim niçin Tanrı'nın görkemiyle doludur?

1. Tanrı'nın Tahtı Yeni Yeruşalim'dedir

Tanrı'nın tahtı Yeni Yeruşalim'dedir. Tanrı'nın Kendisi orada ikamet ettiğine göre kim bilir Yeni Yeruşalim nasıl da Tanrı'nın görkemiyle doludur? Bu sebeple Vahiy 4:8'de insanlar gece gündüz durup dinlenmeden Tanrı'yı yüceltir ve O'na şükranlarını sunarlar: *"Dört yaratığın her birinin altışar kanadı vardı. Yaratıkların her yanı, kanatlarının alt tarafı bile gözlerle kaplıydı. Gece gündüz durup dinlenmeden şöyle diyorlar: 'Kutsal, kutsal, kutsaldır, Her Şeye Gücü Yeten Rab Tanrı, Var olmuş, var olan ve gelecek olan.'"*

Yeni Yeruşalim ayrıca "Kutsal Kent" diye de adlandırılır, çünkü gerçek, lekesiz ve Kendisin de hiç bir karanlığın mevcut olmadığı, ışık olan Tanrı'nın Sözüyle yapılmıştır.

Yeruşalim, İsa'nın yeryüzüne bir beden de gelip, tüm insanlık için kurtuluş yolunu açtığı, müjdeyi duyurduğu ve Yasa'yı sevgiyle tamamladığı yerdi. Bu sebeple Tanrı, Yasa'yı sevgiyle tamamlayan tüm inananların kalması için Yeni Yeruşalim'i inşa etti.

Tanrı'nın Tahtı Yeni Yeruşalim'in Merkezidir

Öyleyse Tanrı'nın Tahtı Yeni Yeruşalim'in neresindedir? Bunun cevabı Vahiy 22:3-4'de bizlere ifşa edilir:

"Artık hiçbir lanet kalmayacak. Tanrı'nın ve Kuzu'nun tahtı kentin içinde olacak, kulları O'na

tapınacak. *O'nun yüzünü görecek, alınlarında O'nun adını taşıyacaklar."*

Tanrı'nın Tahtı, Yeni Yeruşalim'in merkezindedir ve ancak O'nun Sözüne itaat eden kullar olarak uyanlar, oraya girebilir ve Tanrı'nın yüzünü görebilirler. Bu sebeple Tanrı, İbraniler 12:14'de bize şöyle demiştir, *"Herkesle barış içinde yaşamaya, kutsal olmaya gayret edin. Kutsallığa sahip olmadan kimse Rab'bi göremeyecek."* ve aynı şekilde Matta 5:8'de şunu demiştir, *"Ne mutlu yüreği temiz olanlara! Çünkü onlar Tanrı'yı görecekler."*

Bu sebeple, nasıl yeryüzünde dahi hiç kimse başbakanın ya da bir kralın bulunduğu bina veya odaya elini kolunu sallayarak giremiyor ve onunla yüz yüze gelemiyorsa, Tanrı'nın Tahtının olduğu Yeni Yeruşalim'e de herkesin giremeyeceğini idrak etmelisiniz.

Tanrı'nın Tahtı neye benzer? Bazıları tahtın kocaman bir koltuğa benzediğini düşünürler, ama hiçte böyle değildir. Dar açıdan bakıldığında Tanrı'nın oturduğu yerdir, ancak daha geniş açıdan bakıldığında Tanrı'nın ikamet yeridir.

Bu sebeple, "Tanrı'nın Tahtından" kasıt, Tanrı'nın ikamet yeridir ve O'nun Tahtının çevresi Yeni Yeruşalim'in merkezidir ve çevresinde gökkuşaklarıyla yirmi-dört ihtiyar oturur.

Gökkuşakları ve Yirmi-dört İhtiyarın Tahtı

Vahiy 4:3-6'de Tanrı'nın tahtının güzelliği, azameti ve büyüklüğünü hissedebilirsiniz:

Tahtta oturanın, yeşim ve kırmızı akik taşına benzer bir görünüşü vardı. Zümrüdü andıran bir gökkuşağı tahtı çevreliyordu. Tahtın çevresinde yirmi dört ayrı taht vardı. Bu tahtlara başlarında altın taçlar olan, beyaz giysilere bürünmüş yirmi dört ihtiyar oturmuştu. Tahttan şimşekler çakıyor, uğultular, gök gürlemeleri işitiliyordu. Tahtın önünde alev alev yanan yedi meşale vardı. Bunlar Tanrı'nın yedi ruhudur. Tahtın önünde billur gibi, sanki camdan bir deniz vardı. Tahtın ortasında ve çevresinde, önü ve arkası gözlerle kaplı dört yaratık duruyordu.

Birçok göksel varlık ve melekler, Tanrı'ya hizmet ederler. Ayrıca Keruvlar gibi birçok ruhani varlıkla dört yaratık O'nun çevresinde nöbet tutar.

Bunların yanı sıra, Tanrı'nın Tahtının önünden cam saydamlığında deniz uzanır. Manzara öylesine güzeldir ki Tanrı'nın Tahtını çevreleyen pek çok ışık bu camdan denizin üzerine yansır.

Tanrı'nın Tahtının etrafında ki yirmi-dört ihtiyar tahtı nasıl çevreler? Onlardan on ikisi Rab'bin ve diğer on ikisi de Kutsal Ruh'un arkasındadır. Bu yirmi-dört ihtiyar kutsallaşmış bireylerdir ve Tanrı'nın önünde tanıklık etme hakkına sahiplerdir.

Tanrı'nın tahtı insanın tasavvur dahi edemeyeceği kadar güzel, azametli ve büyüktür.

2. Tanrı'nın Asıl Tahtı

Elçilerin İşleri 7:55-56, Tanrı'nın tahtının sağında Kuzu'nun

Tahtını gören İstefanos'dan bahseder:

> *Kutsal Ruh'la dolu olan İstefanos ise, gözlerini göğe dikip Tanrı'nın görkemini ve Tanrı'nın sağında duran İsa'yı gördü.*

İstefanos, cesurca İsa Mesih'i duyururken taşlanarak öldürülmüş ve şehitlik mertebesine yükselmişti. Ama ölmeden hemen önce ruhani gözleri açılmış ve Rab'bi Tanrı'nın Tahtının sağında otururken görebilmişti. Rab, mesajlarını dinleyen Yahudiler tarafından çok yakında İstefanos'un şehit olacağını bildiğinden yerinde oturamamıştı. Dolayısıyla Rab oturduğu tahttan ayağa kalkmış, İstefanos'un taşlanarak ölüşünü izlerken gözyaşlarına boğulmuş ve ruhani gözleri açılan İstefanos bu sahneyi görebilmişti.

Ayrıca İstefanos, Tanrı'nın ve Rab'bin kaldığı tahtı da görmüştü. Bu tahtın elçi Yuhanna'nın Yeni Yeruşalim'de gördüğü tahttan farklı bir taht olduğunu anlamalısınız.

Eski zamanlarda kral ülkesini dolaşmak ve insanlarının halini görmek için sarayını terk ettiğinde, emrinde çalışanlar ona geçici kalacağı ve bir saraya andıran yer inşa ederlerdi. Aynı şekilde, Yeni Yeruşalim'de ki Tanrı'nın Tahtı O'nun her zaman kaldığı değil, ama kısa aralıklarla kaldığı yerdir.

Tanrı Bir Işık Olarak Tek Başına Vardı

Tanrı zamanın başlangıcından çok önce tüm evreni kucaklayarak tek başına vardı (Mısır'dan Çıkış 3:14; Yuhanna 1:1; Vahiy 22:13). Evren o zamanlar bu gün gözlerimizle gördüğümüz yer değildi, ama fiziksel ve ruhani bölünmenin olmadığı tek bir yerden mevcuttu. Tanrı bir ışık olarak vardı ve tüm evren üzerinde parlıyordu.

Sadece bir ışık huzmesinden ibaret değildi, ama bir gökkuşağına renklerini veren suyun akışı gibi öylesine parlak ve güzel bir ışıktı. Bunu Kuzey Kutbunda görünen Kuzey ışıkları auroraları düşünerek daha iyi anlayabilirsiniz. Auroralar bir perde gibi gökyüzünde görünen ışığın farklı renklerinin gruplaşmasıdır ve öylesine güzeldir ki bu manzarayı gören birinin asla güzelliğini unutmayacağı söylenir.

Öyleyse Işığın ta Kendisi olan Tanrı'nın ışıkları ne kadar daha güzeldir? Pek çok güzel ışığın karışımından meydana gelen bu görkemi nasıl ifade edebiliriz?

Bu sebeple 1. Yuhanna 1:5 şöyle der, *"Mesih'ten işittiğimiz ve şimdi size ilettiğimiz bildiri şudur: Tanrı ışıktır, O'nda hiç karanlık yoktur."* "Tanrı ışıktır" denmesinin sebebi, sadece Tanrı'da hiçbir karanlığın olmadığı ruhani anlamını ifade etmek için değil, ama ayrıca başlangıçtan önce bir ışık olarak var olan Tanrı'nın görünüşünü de açıklamak içindir.

Bu, evrende tek başına bir ışık olarak var olan ve sesle dolu olan Tanrı'nın ta Kendisidir. Tanrı, sesle dolu bir ışık olarak vardı ve bu ses Yuhanna 1:1 'de bahsedilen "Söz" dü: *"Başlangıçta Söz vardı. Söz Tanrı'yla birlikteydi ve Söz Tanrı'ydı."*

Tanrı'nın ahenkli bir sesle dolu ışık olarak var olduğu alanda, Baba, Oğul ve Kutsal Ruh'un ayrı ayrı kalabileceği ve dinlenebileceği farklı alanlar vardır. Tanrı'nın asıl tahtının olduğu, başlangıcın meydana geldiği alanda ki yerde, dinlence, sohbet odaları ve gezinti yolları yer alır.

Sadece bazı özel meleklere ve yüreklerinde Tanrı'yı yansıtmış olabilenlere bu alana girmeleri için müsaade edilir. Bu yer ayrı, gizemli ve güvenli bir yerdir. İlaveten, Üçlü Birlik'in Tanrı'sının tahtının olduğu ve başlangıçta Tanrı'nın Kendisinin tek başına var olduğu bu yer, göğün üçüncü katında ki Yeni Yeruşalim'den farklı bir yer olan göğün dördüncü katındadır.

3. Kuzu'nun Gelini

Tanrı, tüm insanların Kendisinin yüreğini yansıtmasını ve Yeni Yeruşalim'e girmesini arzular. Ancak insanın yetiştirilmesi aracılığıyla bu seviyede ki kutsallaşmayı başaramamış olanlara da merhamet gösterir. Göksel egemenliği cennet, göğün birinci, ikinci ve üçüncü katı olarak birçok göksel yere ayırmıştır ve Çocuklarını yaptıklarına göre ödüllendirir.

Tanrı, Yeni Yeruşalim'i tamamen kutsallaşan ve Tanrı evinin her yerinde sadık olan gerçek çocuklarına verir. Müjdenin çıkış yeri olan Yeruşalim'in anısına Yeni Yeruşalim'i inşa etmiş ve her şeyi içinde barındıran yeni bir kap olarak Yasa'yı sevgiyle tamamlamıştır.

Vahiy 21:2'de, Yeni Yeruşalim'in Yuhanna'ya güveyi için harikulade süslenen bir gelini anımsatacak kadar güzel hazırlandığını okuruz:

> *"Kutsal kentin, yeni Yeruşalim'in gökten, Tanrı'nın yanından indiğini gördüm. Güveyi için hazırlanmış süslü bir gelin gibiydi."*

Süslü Bir Geline Benzeyen Yeni Yeruşalim

Tanrı, yüreklerinin sünnetlerini gerçekleştiren ve İsa Mesih'in gelinleri olabilmek adına kendilerini güzelce hazırlayanlar için gökler de harika yerler hazırlamaktadır. Tüm bu göksel yerler arasında en güzel olan yer, Yeni Yeruşalim Kentidir.

Bu sebeple Vahiy 21:9, Yeni Yeruşalim'i Rab'bin gelinleri gibi en güzel şekilde süslenen kent veya *"Kuzu'ya eş olacak gelin"* diye adlandırılır.

Sevgi Tanrı'sının bizzat Kendisinin Rab'bin gelinleri için hazırladığı en iyi armağan olduğundan, Yeni Yeruşalim nasılda da heyecan verici olmalıdır? İnsanlar, Tanrı'nın sevgisi, hassas ve detaycı düşünceleriyle inşa edilip ihtimam gösterilmiş şahsi evlerine girdiklerinde, çok duygulanacaklardır çünkü Tanrı her bir evi, sahibinin zevklerine göre mükemmelce yaratmıştır.

Gelin, eşine hizmet eder ve ona dinlenmesi için yer hazırlar. Aynı şekilde Yeni Yeruşalim'de ki evlerde Rab'bin gelinlerine hizmet eder ve onları kucaklarlar. Öylesine rahat ve güvenlidirler ki, insanlar mutluluk ve sevinçle dolarlar.

Yeryüzünde bir eş, kocasına ne kadar iyi hizmet ederse etsin hiçbir zaman mükemmel huzur ve sevinci veremez. Ancak Yeni Yeruşalim'de ki evler insanların yeryüzünde yaşayamayacağı huzur ve sevinç verirler çünkü bu evler sahiplerinin zevklerine mükemmelce hitap etmek üzere yaratılmışlardır. Evler, sahiplerinin zevklerine uygun güzel bir şekilde ve şaşalı inşa edilmiştir çünkü onlar Tanrı'nın yüreğini yansıtanlar içindir. Tanrı, inşalarında yetkili olduğu için ne kadar da olağanüstü ve parlak olmalılar?

Eğer göklere gerçekten inanırsanız, her bireyi yaptıklarına göre ödüllendiren Tanrı'nın yasasını izleyerek altın ve değerli taşlarla göksel evleri inşa eden pek çok meleği sadece düşünmek bile sizleri mutlu edecektir. Size tıpkı bir eş gibi hizmet eden ve sizleri kucaklayan Yeni Yeruşalim'de ki yaşamın nasıl da mutluluk ve sevinç dolu olacağını hayal edebiliyor musunuz?

Göksel Evler Kişilerin Yaptığı İşlere Göre Süslenir

Rab'bimizin dirilmesinden ve göğe yükselmesinden bu yana, göksel evler inşa edilmektedir ve hatta şimdi bile yaptığımız işlere göre hala inşa edilirler. Bu sebeple, yeryüzünde ki hayatları sonlanan kişilerin evlerinin inşası tamamlanmıştır. Bazı evlerin temelleri atılmış, sütunları yükselmiş ve diğer evlerin çalışması hemen hemen tamamlanmıştır.

Yuhanna 14:2-3'de İsa, tüm inananların göksel evleri tamamlandığı zaman, yeryüzüne geleceğini ama bu sefer gökyüzünde görüneceğini söyler:

Babam'ın evinde kalacak çok yer var. Öyle olmasa size söylerdim. Çünkü size yer hazırlamaya gidiyorum. Gider ve size yer hazırlarsam, siz de benim bulunduğum yerde olasınız diye yine gelip sizi yanıma alacağım.

Kurtulan insanların ebedi yerleri, Beyaz tahtın Yargı Gününde belirlenir.

Evin sahibi kaldığı yerden kendi evine geçtiğinde ve her

bireyin imanının ölçüsüne göre ödüller belirlendiğinde, ev tamamen parlayacaktır. Çünkü nasıl karı-koca bir beden oluyorlarsa, ev ve evin sahibi de mükemmel bir çift oluştururlar. Tanrı'nın tahtının evinin olduğu Yeni Yeruşalim ve Tanrı ile gerçek sevgilerini sonsuza dek paylaşacak gerçek çocukları için inşa edilen evler nasıl da Tanrı'nın görkemiyle dopdolu olacaklardır?

4. Değerli Taşlar Gibi Işıl Işıl ve Kristal Gibi Berrak

Kutsal Ruh'un yönetiminde ki elçi Yuhanna, Yeni Yeruşalim Kentini gördüğünde saygıyla karışık şaşkınlığa düşmüş ve şunları dile getirmişti:

"Sonra melek beni Ruh'un yönetiminde büyük, yüksek bir dağa götürdü. Oradan bana gökten, Tanrı'nın yanından inen ve O'nun görkemiyle ışıldayan kutsal kenti, Yeruşalim'i gösterdi. Kentin ışıltısı çok değerli bir taşın, billur gibi parıldayan yeşim taşının ışıltısına benziyordu" (Vahiy 21:10-11).

Kutsal Ruh'un yönetiminde yüksek bir dağın tepesinden bakan Yuhanna'da görkemli Yeni Yeruşalim'e şükranlarını sunuyordu.

Tanrı'nın görkemiyle parlayan Yeni Yeruşalim

Tanrı'nın görkemiyle parlayan Yeni Yeruşalim'in parlaklığı

"çok değerli bir taşın, billur gibi parıldayan yeşim taşının ışıltısına benziyordu" demek, ne demektir? Çok çeşitli değerli taşlar vardır ve onlarında bileşen ve renklerine göre farklı isimleri vardır. Kıymetli sayılmak için her bir taşın güzel bir renk vermesi gerekir. Bu nedenle, "çok değerli bir taş" ibaresi, güzelliğin mükemmelliğine işaret eder. Elçi Yuhanna, Yeni Yeruşalim'in güzel ışığını, insanların değerli ve güzel bulduğu taşlarla kıyaslanmıştır.

İlaveten, Yeni Yeruşalim'de muazzam ve kocaman evler vardır ve göz alıcı ışıklarla parlayan göksel mücevherlerle süslenmiştir. Uzaktan bakıyor olsanız bile, pırıldayan ışıkların güzelliğini görebilirsiniz. Birçok göz kamaştırıcı renkle karışmış mavimsi beyaz ışıklar, Yeni Yeruşalim'i kucaklıyor gibi görünür. Manzara ne kadar da etkileyici ve memnunluk verici olmalı?

Vahiy 21:18, bizlere Yeni Yeruşalim'in surlarının yeşimden yapıldığını söyler. Yeryüzünde ki opak yeşimin tersine, göklerde ki yeşim taşının mavimsi bir rengi vardır ve öylesine güzel, öylesine berraktır ki ona bakan biri duru suya bakar gibi hisseder. Yeryüzünde ki şeylerle onun renginin güzelliğini anlatmak adeta imkânsızdır. Belki, berrak dalgaların üzerine yansıyan parlak, mavi ışıkla mukayese edilebilir. Bunun yanı sıra onun rengini ancak berrak, mavimsi ve beyaz olarak ifade edebiliriz. Yeşim taşı, Tanrı'nın zarafetini ve berraklığını, O'nun lekesiz, temiz ve dürüst "doğruluğunu" temsil eder.

Çok çeşitli kristaller vardır ve göksel anlamda saf su gibi berrak ve net olan renksiz, saydam ve katı taşlardır. Temiz ve berrak kristaller, eski zamanlardan bu yana süsleme için kullanılır çünkü sadece berrak ve saydam olmakla kalmaz ama ayrıca güzel bir şekilde ışığı yansıtırlar.

Çok fazla pahalı olmamalarına rağmen kristaller görkemli bir şekilde ışığı yansıtır ve onların tıpkı bir gökkuşağı gibi görünmesini sağlarlar. Bunun yanı sıra, Tanrı, göksel kristallerin üzerine gücüyle görkemin ışıltısını yerleştirmiştir ki yeryüzünde bulunanlarla mukayese bile edilemesinler. Elçi Yuhanna, Yeni Yeruşalim'in güzelliğini, berraklığını ve ihtişamını kristalle ifade etmeye çalışır.

Yeni Yeruşalim Kenti, Tanrı'nın harikulade görkemiyle doludur. Tanrı'nın Tahtının olduğu ve Tanrı'nın Kendinden Üçlü Birlik'i oluşturduğu zirvenin bulunduğu yer olduğundan, Yeni Yeruşalim ne kadar da harikulade, güzel ve parlak olmalıdır?

2. Bölüm

On iki Oymağın ve On iki Elçinin Adları

1. Kapıları Koruyan On İki Melek
2. İsrail'in On İki Kapıya Yazılmış On İki Oymağının Adı
3. On İki Temel Taşa Yazılmış On İki Elçinin Adları

Büyük ve yüksek surları ve on iki kapısı vardı. Kapıları on iki melek bekliyordu. Kapıların üzerine İsrailoğulları'nın on iki oymağının adları yazılmıştı. Doğuda üç kapı, kuzeyde üç kapı, güneyde üç kapı, batıda üç kapı vardı. Kenti çevreleyen surların on iki temel taşı bulunuyordu. Bunların üzerinde Kuzu'nun on iki elçisinin adları yazılıydı.

- Vahiy 21:12-14 -

Yeni Yeruşalim, ışıl ışıl ve parlak ışıkları yansıtan surlarla çevrilidir. Bu surların boyutları, ihtişamı, güzelliği ve görkemi karşısında şaşkınlığa düşersiniz. Kent, kare şeklindedir ve doğu, batı, kuzey ve güneyinin her birinde üçer kapı vardır. Toplam on iki surla çevrilmiştir ve tasavvur edilemeyecek kadar büyüktür. Her bir kapı, vakur ve haşmetli bir melek tarafından korunur ve on iki oymağın adları bu kapılara yazılmıştır.

Ayrıca Yeni Yeruşalim surlarının çevresinde on iki sütunun yükseldiği on iki temel vardır ve on iki elçinin adları buralara yazılmıştır. Yeni Yeruşalim'de ki her şey ana prensip olarak ışığın sayısı olan on iki sayısıyla meydana getirilmiştir. Dolayısıyla, Yeni Yeruşalim'in, Kendisi ışık olan Tanrı'nın yüreğini yansıtan, yani ışığın çocukları için bir yer olduğunu herkesin anlamasını kolaylaştırır.

Şimdi Yeni Yeruşalim'de ki on iki kapının niçin on iki melek tarafından korunduğuna ve tüm şehirde niçin on iki oymağın ve elçinin adlarının yazıldığına bakalım.

1. Kapıları Koruyan On iki Melek

Eski zamanlarda pek çok asker ve gardiyan, kralların ve diğer yüksek mertebe de olan kişilerin kalıp yaşadığı şatoların kapılarını korurlardı. Bu tedbirler, binaları düşmanlardan ve zorla girenlerden korumak için gerekliydi. Her ne kadar hiç kimsenin dilediği gibi giremeyeceği ve zorlayamayacağı bir yer olsa da, Yeni Yeruşalim'in kapıları on iki melek tarafından korunur, çünkü orada Tanrı'nın Tahtı vardır. Peki, öyleyse korunmasının asıl sebebi nedir?

Zenginlikleri, otoriteyi ve görkemi ifade etmek

Yeni Yeruşalim Kenti hayallerinizin çok ötesinde muazzam ve büyüktür. İmparatorların yaşadığı Çin'in büyük yasak şehri, Yeni Yeruşalim'de ki bir bireyin şahsi evi kadar büyüktür. Hatta dünyanın yedi harikasından biri olan büyük Çin Seddi bile Yeni Yeruşalim Kentiyle mukayese edilemez.

Kapıları koruyan on iki meleğin bulunmasının ilk sebebi, zenginlik, şeref, otorite ve görkemi sembolize etmesidir. Hatta bu gün bile zengin ve güçlü insanların evlerinin içi ve dışında korumalar vardır ve bu da oturanların zenginliğini ve gücünü gösterir.

Dolayısıyla Tanrı'nın tahtının olduğu Yeni Yeruşalim kentinin kapılarını koruyan yüksek konumda meleklerin olması aşikârdır. Kişiler, meleklerin varlıklarının ayrı bir güzellik ve görkem kattığı Yeni Yeruşalim'e şöyle bir baktıklarında, Tanrı'nın ve Yeni Yeruşalim oturanlarının otoritesini hissederler.

Tanrı'nın kabul görmüş çocuklarını korumak

Öyleyse on iki meleğin Yeni Yeruşalim'in kapılarını korumasının ikinci sebebi nedir? İbraniler 1:14 şu soruyu sorar, *"Bütün melekler kurtuluşu miras alacaklara hizmet etmek için gönderilen görevli ruhlar değil midir?"* Tanrı, yeryüzünde yaşayan çocuklarını ateş saçan gözleri ve gönderdiği melekleriyle korur. Bu sebeple Tanrı'nın sözüne göre yaşayanlar şeytan tarafından karalanmaz, ama testlerden, sıkıntılardan, doğal ve insan yapımı felaketlerden, hastalıklardan ve kazalardan korunurlar.

Ayrıca göklerde Tanrı'nın buyrukları doğrultusunda vazifelerini yerine getiren sayısız melek vardır. Onların arasında kişiler ister imanlı olsun, isterse olmasın yaptıkları her şeyi gözleyen, kayıt altına alan ve Tanrı'ya raporlayan melekler vardır. Yargı gününde, Tanrı kişilerin ağızlarından çıkan tek kelimeyi bile hatırlayacak ve yaptıklarına göre onlara karşılıklarını verecektir.

Tüm melekler, Tanrı'nın kontrolü altında olan ruhlardır ve onların göklerde de Tanrı'nın çocuklarını korudukları ve göz kulak oldukları aşikârdır. Elbette ki şeytana ait karanlık göklerde olmadıklarından ne kaza ne de felaketler olmaz, ama efendilerine hizmet etmek onların doğal vazifesidir. Bu vazife hiç kimse tarafından zorla dayatılmaz, ama ruhani hükümranlığın düzen ve ahengine göre gönüllü olarak gerçekleştirilir. Yani, meleklere tayin edilmiş doğal vazifelerdir.

Yeni Yeruşalim'de ki huzurlu düzeni muhafaza etmek

Öyleyse on iki meleğin Yeni Yeruşalim Kentini korumasının üçüncü nedeni nedir?

Gökler, hiçbir kusurun olmadığı mükemmel hükümranlıktır ve mükemmel bir düzenle yönetilir. Nefret, kavga ya da emirler yoktur. Sadece Tanrı'nın buyruklarıyla yönetilip muhafaza edilir. İnsanları yaptıklarına göre ödüllendiren Tanrı'nın adaletiyle, ödüller ve otorite tesis edilir ve her şey bu düzene göre yönetilir.

Bir ev kendi içinde bölünmüşse, ayakta kalamaz. Aynı şekilde şeytan da kendine karşı gelip kendi içinde bölünmez, ama belli bir düzene göre çalışır (Markos 3:22-26). Dolayısıyla, Tanrı'nın egemenliği daha fazla bir adalet ve düzenle tesis edilmiş ve yönetiliyor olmalıdır.

Örneğin Yeni Yeruşalim'de ki şölenler bir düzene göre yapılır. Cennet, göğün birinci, ikinci ve üçüncü katında ki kurtulmuş canlar da ancak ruhani düzene göre Yeni Yeruşalim'e davetiye ile girebilirler. Orada Tanrı'yı hoşnut edecek ve Yeni Yeruşalim sakinleriyle birlikte sevinçlerini paylaşacaklardır.

Eğer cennet, göğün birinci, ikinci ve üçüncü katında ki kurtulmuş canlar serbestçe ve istedikleri zaman Yeni Yeruşalim'e girebiliyorlarsa, ne olurdu? Nasıl en iyi ve en kıymetli nesneler doğru düzgün bakılmadıklarında zaman ve kullanmayla değerlerini yitiriyorlarsa, Yeni Yeruşalim'de ki düzen de bozulduğu takdirde güzelliği korunamazdı.

Bu sebeple, Yeni Yeruşalim'in huzurlu düzeni için, on iki kapıya ve on iki kapıyı koruyan on iki meleğe gereksinim vardır. Elbette ki göğün üçüncü katı ve altında olan inanlar görkemin farklılığından dolayı melekler olmasaydı bile özgürce Yeni Yeruşalim'e giremezlerdi. Melekler, düzenin tam anlamıyla muhafaza edildiğinden emin olurlar.

2. İsrail'in On İki Kapıya Yazılmış On İki Oymağının Adı

Öyleyse Yeni Yeruşalim'in on iki kapısına İsrail'in on iki oymağının adlarının yazılmasının sebebi nedir? Yeryüzünde tamamlanan mimari bir yapıyı anmak ve/veya bu binayla ilgili önemli bilgileri göstermek adına, insanlar sıklıkla ya üzerinde yazılar olan bir taşı ya da yapının yakınına bir anıt yerleştirmişlerdir. Aynı şekilde, İsrail'in on iki oymağının adı, Yeni Yeruşalim'de ki on iki kapının İsrail'in on iki oymağıyla başladığı gerçeğini simgeler.

On iki kapının yapılış mazisi

İtaatsizlikleri yüzünden 6000 sene önce Cennet Bahçesinden kovulan Âdem ile Hava'nın, yeryüzünde yaşadıkları dönemde pek çok çocukları oldu. Yeryüzü günahla dolduğu zaman o dönemin en doğru insanı olan Nuh ve ailesi dışında ki herkes cezalandırıldı ve sayun içinde yitip gittiler.

Takribi 4000 sene sonra İbrahim doğdu ve zamanı geldiğinde Tanrı, onu imanın babası kıldı ve bolca kutsadı. Tanrı, Yaratılış 22:17-18 ayetlerinde İbrahim'e şu vaatte bulundu:

"Seni fazlasıyla kutsayacağım; soyunu göklerin yıldızları, kıyıların kumu kadar çoğaltacağım. Soyun düşmanlarının kentlerini mülk edinecek. Soyunun aracılığıyla yeryüzündeki bütün uluslar kutsanacak. Çünkü sözümü dinledin."

Sadık Tanrı, İbrahim'in torunu Yakup'u İsrail'in kurucusu tayin etti ve on iki oğlundan bir ulus meydana gelmesi için temeli attı. Takribi 2000 sene önce Yudah oymağından İsa'yı gönderdi ve insanoğluna kurtuluş yolunu açtı.

Bu şekilde Tanrı, İbrahim'e verdiği kutsamaları gerçekleştirmek için on iki oymaktan İsrail Ulusunu oluşturdu. Dahası, bu gerçeği sembolleştirmek ve mühürlemek adına, Tanrı, Yeni Yeruşalim'de ki on iki kapıyı yarattı ve bu on iki kapıya İsrail oymağının on iki adını yazdı.

Şimdi İsrail'in atası Yakup'u ve on iki oymağı daha yakından inceleyelim.

İsrail'in atası Yakup ve on iki oğlu

İbrahim'in torunu ve İshak'ın oğlu Yakup, aldatmayla ağabeyinin ilk doğum hakkını almış ve ağabeyinden kaçmak için dayısı Lavan'ın yanına gitmişti. Lavan'ın evinde kaldığı yirmi yıl boyunca, Tanrı, Yakup'u İsrail'in atası olana dek arındırdı.

Yaratılış 29:21 ve ardından gelen ayetler, Yakup'un evlilikleri ve on iki oğlunun doğumunu detaylıca anlatır. Yakup, Rahel'i sevmiş ve onunla evlenebilmek için yedi yıl boyunca Lavan'a hizmet etmişti. Ancak dayısı tarafından aldatılmış ve Rahel yerine kız kardeşi Lea ile evlenmişti. Böylelikle sırf Rahel ile evlenebilmek için Lavan'a yedi sene daha hizmet etmek için söz vermek zorunda kalmıştı. Sonunda Rahel ile evlenmiş ve onu Lea'yı sevdiğinden daha çok sevmişti.

Kocası tarafından sevilmeyen Lea'ya Tanrı merhamet etmiş ve Lea'nın çocuk sahibi olmasını sağlamıştı. Böylece Lea, Ruben'i, Şimon'u, Levi'yi ve Yahuda'yı doğurdu. Rahel, Yakup tarafından çok sevilmesine rağmen uzunca bir süre ona oğul vermedi. Kız kardeşi Lea'yı kıskandığından cariyesi Bilha'yı eş olarak Yakup'a verdi. Bilha, Dan ve Naftali'i doğurdu. Lea artık doğum yapamadığını görünce, cariyesi Zilpa'yı Yakup'a eş olarak verdi ve Zilpa, Gad ve Asher'i doğurdu.

Daha sonra Lea, ilk oğlu Ruben'in getirdiği adamotu karşılığında Rahel ile yaptığı anlaşmaya göre Yakup ile yattı. Oğulları Zevulun ve İssakar ile kızı Dina'yı doğurdu. Sonra Tanrı,

Rahel'i anımsadı ve böylece Rahel, Yusuf'u doğurdu. Yusuf'un doğumundan sonra Yakup, iki karısı, iki cariyesi ve on bir oğlunu alarak Yabbuk Irmağını geçerek ülkesine geri dönmesi ile ilgili Tanrı'dan buyruk aldı.

Yakup, dayısı Lavan'ın evinde yirmi yıl boyunca sınamalardan geçti. Kendini alçakgönüllü bir hale sokup Yabbuk ırmağından ülkesine doğru yol alırken, uyluk kemiği yerinden çıkana kadar Tanrı'ya yakardı ve ardından 'İsrail" adını aldı (Yaratılış 32:28). İsrail ayrıca kardeşi Esav ile barıştı ve Kenan diyarında yaşadı. İsrail ulusunun atası olarak kutsamaları aldı ve Rahel'den son oğlu Benyamin doğdu.

Tanrı'nın seçilmiş insanları olan İsrail'in on iki oymağı

İsrail'in Yusuf'u öbür oğullarının hepsinden daha çok sevmesini kıskanan kardeşleri, Yusuf 17 yaşındayken onu Mısırlı bir tüccara sattılar. Tanrı'nın takdiri ilahisiyle 30 yaşına geldiğinde Firavun'un hizmetine girerek Mısır'ın yönetimine talip oldu. Kenan diyarında ciddi kıtlık olacağını bildiğinden tanrı Yusuf'u önce Mısır'a göndermiş ve sonra tüm ailesinin Mısır'a taşınmasına izin vermişti ki sayıca artıp bir ulus meydana getirebilsinler.

Yaratılış 49:3-28 ayetlerinde İsrail, son nefesini verirken, İsrail ulusunun on iki oymağı olacak on iki oğlunu kutsar:

"Ruben, sen benim ilk oğlum, gücümsün,
Kudretimin ilk ürünüsün (a. 3)...
Şimon'la Levi kardeştir,
Kılıçları şiddet kusar. (a. 5)...
Yahuda, kardeşlerin seni övecek (a. 8)...

Zevulun deniz kıyısında yaşayacak (a. 13)...
İssakar semerler arasında yatan
güçlü eşek gibidir; (a. 14)...
Dan kendi halkını yönetecek,
Bir İsrail oymağı gibi. (a. 16)...
Gad akıncıların saldırısına uğrayacak,
Ama onların topuklarına saldıracak. (a. 19)...
Krallara yaraşır
lezzetli yiyecekler yetiştirecek Aşer. (a. 20)...
Naftali salıverilmiş geyiğe benzer,
Sevimli yavrular doğurur. (a. 21)...
Yusuf meyveli bir dal gibidir,
Kaynak kıyısında verimli bir dal gibi (a. 22)...
Benyamin aç kurda benzer (a. 27)..."

Tüm bunlar İsrail ulusunun on iki oymağıdır ve onları kutsarken her birine uygun düşen bu sözleri babaları söylemiştir.

Kutsamalar farklıydı, çünkü her bir oğul (oymak), karakter, kişilik, eylemler ve doğaları bakımından birbirlerinden farklıydı.

Tanrı, Musa aracılığıyla Mısır'dan çıkan İsrail'in on iki kabilesine Yasa'yı verdi ve bal ile sütün aktığı Kenan ülkesine gitmeleri için onlara öncülük etti. Yasa'nın Tekrarı 33:5-25 ayetlerinde ölümünden önce Musa'nın İsrail halkını kutsadığını okuruz.

"Ruben yaşasın, ölmesin,
Halkının sayısı az olmasın (a. 6) ...
Ya RAB, Yahuda'nın yakarışını duy
Ve onu kendi halkına getir (a. 7) ...

Levi için de şöyle dedi:
"Ya RAB, senin Tummim'in ve Urim'in
Sadık kulun içindir" (a. 8) ...
Benyamin için de şöyle dedi:
"RAB'bin sevgilisi,
O'nun yanında güvenlikte yaşasın" (a. 12) ...
Yusuf için de şöyle dedi:
"RAB onun ülkesini Gökten yağan değerli çiyle
Ve yeraltındaki derin su kaynaklarıyla kutsasın" (a. 13) ...
Efrayim'in on binleri,
İşte bunlardır Manaşşe'nin binleri (a. 17) ...
Zevulun için de şöyle dedi:
"Ey Zevulun, sevinç duy yola çıkışınla,
Ve sen, İssakar, çadırlarında sevin!" (a. 18) ...
Gad için de şöyle dedi:
"Gad'ın sınırını
genişleten kutsansın" (a. 20) ...
Dan için de şöyle dedi:
"Dan Başan'dan sıçrayan
Aslan yavrusudur" (a. 22) ...
Naftali için de şöyle dedi:
"Ey sen, RAB'bin lütfu ve
Kutsamasıyla dolu olan Naftali!" (a. 23) ...
Aşer için de şöyle dedi:
"Oğullar arasında en çok kutsanan Aşer olsun,
Kardeşlerinin beğenisini kazanan o olsun" (a. 24) ..."

İsrail'in on iki oğlundan bir olan Levi, rahipler olacakları ve Tanrı'ya ait oldukları için on iki oymağın dışında tutulmuşlardır.

Bunun üzerine Yusuf'un oğulları Manaşşe ve Efrayim, Levililerin yerine geçen iki oymağı oluşturmuşlardır.

On iki oymağın adı

Öyleyse ne İsrail'in on iki oymağının üyesi, ne de İbrahim'in doğrudan torunları olan bizler, nasıl kurtulabilir ve on iki oymağın adlarının yazıldığı kapılardan geçebiliriz? Bu sorunun cevabını Vahiy 7:5-8 ayetlerinde bulabiliriz:

> *Yahuda oymağından 12 000 kişi mühürlenmişti. Ruben oymağından 12 000, Gad oymağından 12 000, Aşer oymağından 12 000, Naftali oymağından 12 000, Manaşşe oymağından 12 000, Şimon oymağından 12 000, Levi oymağından 12 000, İssakar oymağından 12 000, Zevulun oymağından 12 000, Yusuf oymağından 12 000, Benyamin oymağından 12 000 kişi mühürlenmişti.*

Yaratılış ve Yasa'nın Tekrarı kitaplarının aksine, bu ayetlerde Yahuda oymağının adı önce gelir ve Ruben oymağı da hemen onu izler. Ayrıca Dan oymağının adı silinmiş ve Manaşşe oymağının adı eklenmiştir.

1. Krallar 12:28-31 ayetleri, Dan oymağının gerçekleştirdiği korkunç günahtan bahseder.

> *Kral, danışmanlarına danıştıktan sonra, iki altın buzağı yaptırıp halkına, "Tapınmak için artık Yeruşalim'e gitmenize gerek yok" dedi, "Ey İsrail*

halkı, işte sizi Mısır'dan çıkaran ilahlarınız!" Altın buzağılardan birini Beytel, ötekini Dan Kenti'ne yerleştirdi. Bu günahtı. Böylece halk buzağıya tapmak için Dan'a kadar gitmeye başladı.

İsrail Kralı Yarovam, halk Yeruşalim'e gidip RAB'bin Tapınağı'nda kurbanlar sunarsa, yürekleri efendileri, Yahuda Kralı Rehavam'a döneceğini düşündü. Bunun üzerine kral, iki altın buzağı yaptırıp birini Beytel, ötekini Dan kenti'ne yerleştirdi.

Dan oymağı, putperestlik günahını işledi ve Leviliier dışında hiç kimsenin kâhinlik görevi yapamayacağına rağmen onlar dışında her türlü insandan kâhinler atadı. Ayrıca Yahuda'da yapılan bayramdan esinlenerek sekizinci ayın on beşinci gününü bayram ilan etti. Tüm bu günahlar, Tanrı tarafından bağışlanmadı ve Tanrı onlara sırtını döndü.

Böylece Dan oymağının adı silindi ve yerine Manaşşe oymağı geçti. Manaşşe oymağının ekleneceği gerçeği, Yakup'un oğlu Yusuf'a söylediklerini yazan Yaratılış 48:5 ayetinde önceden bildirilmiştir:

"Ben Mısır'a gelmeden önce burada doğan iki oğlun benim sayılır. Efrayim'le Manaşşe benim için Ruben'le Şimon gibidir."

İsrail'in atası Yakup, Manaşşe ve Efraim'i çoktan kendinin olarak mühürlemişti. Dolayısıyla, Vahiy Kitap'ın da Dan oymağı yerine Manaşşe oymağının adı geçmektedir.

Manaşşe'nin İsrail'in on iki oymağı arasında olmamasına rağmen bu şekilde on iki oymaktan biri olarak kayıt edilmesi gerçeği, Yahudi olmayanların İsraillilerin yerini alabileceği ve kurtulabilecekleri anlamına gelir.

Tanrı bir ulusun temelini, İsrail'in on iki oymağıyla attı. Takribi 2000 sene önce çarmıhın üzerinde kıymetli kanını döken İsa Mesih yoluyla günahlarımızı yıkayan kapıyı açtı ve herkesin imanla kurtuluşu almasına izin verdi.

Tanrı, on iki oymaktan meydana gelen İsrail halkını seçti ve onlara "benim insanlarım" dedi, ama nihai anlamda Tanrı'nın isteklerini izlemekte beklenen sonucu vermediklerinden, müjde Yahudi olmayanlara duyuruldu.

Yabanıl bir zeytin filiziyken aşılanan Yahudi olmayanlar, Tanrı'nın seçilmiş insanları olan İsraillilerin yerini zeytin filizleri olarak aldı. Bu sebeple elçi Pavlus Romalılar 2:28-29'da şöyle demiştir, *"Çünkü ne dıştan Yahudi olan gerçek Yahudi'dir, ne de görünüşte, bedensel olan sünnet gerçek sünnettir. Ancak içten Yahudi olan Yahudi'dir. Sünnet de yürekle ilgilidir; yazılı yasanın değil, Ruh'un işidir. İçten Yahudi olan kişi, insanların değil, Tanrı'nın övgüsünü kazanır."*

Kısaca Dan oymağı silindiğinden, Tanrı'nın takdiri ilahisini gerçekleştirmek üzere Yahudi olmayanlar İsraillilerin yerini almış ve böylece Manaşşe oymağı eklenmiştir. Bu sebeple, imanın geçerli yetkinliklerine sahip oldukları sürece Yahudi olmayanlar bile on iki kapıdan geçerek Yeni Yeruşalim'e girebilirler.

Sadece İsrail'in on iki oymağına ait olanlar değil, ama ayrıca imanda İbrahim'in torunları olanlarda kurtuluşa sahip olacaklardır. Yahudi olmayanlar imana geldiklerinde, Tanrı onları "Yahudi olmayanlardan" saymaz, ama aksine on iki oymağın üyeleri olarak görür. On iki kapı aracılığıyla tüm uluslar kurtulabilecektir ve bu, Tanrı'nın doğruluğudur.

Netice de İsrail'in "on iki oymağı" ruhani olarak Tanrı'nın imanla kurtulan tüm çocuklarını kapsar ve Tanrı, bu gerçeği simgeleştirmek için Yeni Yeruşalim'in on iki kapısına adlarını yazmıştır.

Ancak farklı ülke ve yerlerin farklı özellikleri olduğundan, on iki oymağın her birinin görkemiyle göklerde ki on iki kapının görkemleri farklı olacaktır.

3. On İki Temel Taşa Yazılmış On İki Elçinin Adları

Öyleyse Yeni Yeruşalim'in on iki temel taşına on iki elçinin adlarının yazılmasının sebebi nedir?

Bir binayı inşa ederken sütunların yükselmesini sağlayacak temelin atılmış olması gerekir. Açılan çukurun derinliğine bakarak bir binanın boyutlarını tahmin etmek kolaydır. Temeller önemlidir, çünkü tüm binanın ağırlığını onlar destekler.

Aynı şekilde on iki kapının arasında olan Yeni Yeruşalim'in surlarını inşa etmek için temeller atılmıştır. Böylelikle on iki kapı meydana getirilmiştir. On iki temel ve on iki surun boyutları idrakınızın çok ötesinde muazzamdır ve bunları bir sonra ki bölümde detaylıca inceleyeceğiz.

On iki temel, On iki kapıdan çok daha önemlidir

Her gölge içinde şeklini aldığı asıl olanın niteliğini barındırır. Aynı şekilde, Eski Ahit'te Yeni Ahit'in gölgesidir, çünkü Eski Ahit, Kurtarıcı olarak yeryüzüne gelecek olan İsa'ya tanıklık etmiş ve Yeni Ahit'te yeryüzüne gelerek hizmete başlamış olan İsa'yı, tüm kehanetlerin gerçekleştiğini ve kurtuluş yolunun başarıldığını yazmıştır (İbraniler 10:1).

İsrail'in on iki oymağı yoluyla bir ulusun temelini atan ve Musa'nın aracılığıyla Yasayı ilan eden Tanrı, Yasa'yı sevgiyle tamamlayan İsa aracılığıyla on iki elçiye öğretti ve onları yeryüzünün son günlerinde Rab'be tanıklık edecek şahitler yaptı. Bu şekilde on iki elçi, Eski Ahit'in yasasını tamamlamayı mümkün kılan kahramanlar olmuşlar ve bir gölge olarak değil ama aslı olarak Yeni Yeruşalim Kentini inşa etmişlerdir.

Bu sebeple, Yeni Yeruşalim'in on iki temeli, on iki kapısından çok daha önemlidir ve on iki elçinin rolü, on iki oymaktan çok daha önemlidir.

İsa ve On iki elçisi

Yeryüzüne bir beden olarak gelen Tanrı'nın oğlu olan İsa, hizmetlerine 30 yaşında başlayarak elçilerini topladı ve onlara öğretti. Zamanı geldiğinde, İsa, onlara cinleri kovma ve hastaları iyileştirme salahiyetini verdi. Matta 10:2-4, on iki elçi hakkında bilgi verir.

"Bu on iki elçinin adları şöyle: Birincisi Petrus adıyla bilinen Simun, onun kardeşi Andreas, Zebedi'nin oğulları Yakup ve Yuhanna, Filipus ve Bartalmay, Tomas ve vergi görevlisi Matta, Alfay oğlu Yakup ve Taday, Yurtsever Simun ve İsa'ya ihanet eden Yahuda İskariot."

On iki Oymağın ve On iki Elçinin Adları

İsa'nın isteği üzerine müjdeyi duyurmuş ve Tanrı'nın gücünün işlerini icra etmişlerdir. Yaşayan Tanrı'ya tanıklık etmişler ve pek çok canı kurtuluş yoluna taşımışlardır. Şeytan tarafından kışkırtılan ve sonunda İsa'yı satan Yahuda İskariot dışında hepsi, İsa'nın dirilişine ve yükselişine şahit olmuş ve kendilerini adayarak ettikleri dualar sayesinde Kutsal Ruh'u tecrübe edinmişlerdir. Sonra Rab onları hizmete atadığından Kutsal Ruh'u ve gücü almışlar ve dünyanın sonuna dek Yeruşalim, tüm Yahuda ve Samiriye'de Rab'bin şahitleri olmuşlardır.

Mattiya, Yahuda İskariot'un yerine geçti

Elçilerin İşleri 1:15-26, Mattiya'nın Yahuda İskariot'un yerine on iki elçiden biri olarak seçilme sürecini anlatır. Tanrı'ya dualar ettiler ve kura çektiler. Böyle yaptılar, çünkü elçiler, insan düşüncesinden uzak ve Tanrı'nın isteğine uygun olmasını arzu ettiler. Sonunda İsa'nın aklından geçenler arasında olan Mattiya adlı bir kişiyi seçtiler.

İsa'nın, kendisine ihanet edeceğini bile bile Yahuda İskariot'u seçmesinin sebebi burada yatar. Mattiya'nın sonradan seçilmesi demek, Yahudi olmayanların bile kurtuluşa sahip olacakları anlamına gelir. Ayrıca Tanrı'nın bu gün seçilmiş hizmetkârlarının Mattiya'nın yerine ait oldukları anlamına da gelir. Rab'bin dirilişi ve göğe yükselişinden beri Tanrı'nın kendisi tarafından bizzat seçilmiş pek çok hizmetkâr gelmiştir ve Rab ile bir olan herkes tıpkı Mattiya'nın seçildiği gibi O'nun elçisi olarak seçilebilir.

Tanrı'nın bizzat kendisi tarafından seçilen bu hizmetkârlar, efendilerinin isteklerine sadece "evet" diyerek itaat ederler. Eğer Tanrı'nın hizmetkârları O'nun isteğine itaat etmezlerse,

"Tanrı'nın hizmetkârları" ya da "Tanrı'nın seçilmiş hizmetkârları" olarak çağrılmazlar ve çağrılmamalıdırlar. Mattiya'nın da içinde olduğu on iki elçi, Rab'bi yansıttılar, kutsallığı başardılar, Rab'bin öğretilerine itaat ettiler ve tam anlamıyla Tanrı'nın isteklerini yerine getirdiler. Şehitler olana dek vazifelerini yerine getirip dünya misyonerliğinin temelleri oldular.

On iki elçinin adları

Her ne kadar kutsallaşmış ya da Tanrı'nın evinin her yerinde sadık olmamışlarsa da, imanla kurtulmuş olanlar davetiye ile Yeni Yeruşalim'i ziyaret edebilirler, ama sonsuza dek orada yaşayamazlar. Dolayısıyla elçilerin adlarının on iki temel üzerine yazılmasının sebebi, bizlere sadece yeryüzünde kutsallaşmış ve Tanrı'nın evinin her yerinde sadık olmuş olanların Yeni Yeruşalim'e girecek olduğunu hatırlatmaktır.

İsrail'in on iki oymağı, imanla kurtulan tüm Tanrı çocuklarını kapsar. Kutsallaşmış ve tüm hayatları boyunca sadık olmuş olanların, Yeni Yeruşalim'e girebilme yetkinlikleri vardır. Bu sebeple, on iki temel çok daha önemlidir ve bu sebeple on iki elçinin adları kapılara değil, ama temellere yazılmıştır.

Peki, İsa neden sadece on iki elçi seçmiştir? Tanrı, kendisinin mükemmel hikmetinde zamanın başlangıcından çok önce planladığı takdiri ilahisini gerçekleştirir ve her şeyi ona göre uygular. Bu sebeple İsa'nın on iki elçi seçmesinin Tanrı'nın planına göre olduğunu biliriz.

Tanrı, Eski Ahit'te on iki oymağı oluşturmuş, on iki elçi

seçmiştir. "Işık" ve "mükemmeliyetin" simgesi olan 12 sayısını Yeni Ahit'te de kullanarak, Eski Ahit'in gölgesiyle Yeni Ahit'in aslı, bir çift oluşturmuşlardır.

Tanrı, bir kere tasarlamış olduğu fikrini ya da planını değiştirmez ve Sözünü tutar. Bu sebeple, Kutsal Kitap'ta ki Tanrı Sözüne bütünüyle inanmalı, kendimizi Rab'bin kabul edeceği gelinler olarak hazırlamalı ve tıpkı on iki elçi gibi Yeni Yeruşalim'e girmemizi sağlayan nitelikleri elde etmeliyiz.

İsa, Vahiy 22:12'de bize şöyle demiştir, *"İşte tez geliyorum! Vereceğim ödüller yanımdadır. Herkese yaptığının karşılığını vereceğim."*

Eğer Rab'bin yakında geleceğine inanıyorsanız ne tarz bir Hristiyan hayatı sürdürüyor olmalısınız? Sadece İsa Mesih'e iman ederek elde edeceğiniz kurtuluşla yetinmemeli, ama tüm günahlarınızı söküp atmalı ve tüm vazifelerinizde sadık olmalısınız.

Yeni Yeruşalim'de adları on iki kapı ve on iki temel üzerinde yazılmış imanın ataları gibi sonsuz görkeme ve kutsamalara sahip olmanız için, Rab'bimiz İsa Mesih adıyla dua ediyorum.

3. Bölüm

Yeni Yeruşalim'in Boyutu

1. Altın Kamışla Ölçüldü
2. Kare Şeklinde ki Yeni Yeruşalim

Benimle konuşan meleğin elinde kenti ve kent kapılarıyla surları ölçmek için altın bir ölçü kamışı vardı. Kent kare biçimindeydi, uzunluğu enine eşitti. Melek kenti kamışla ölçtü, her bir yanı 12 000 ok atımı geldi. Uzunluğu, eni ve yüksekliği birbirine eşitti. Melek surları da ölçtü. Kullandığı insan ölçüsüne göre 144 arşındı.

- Vahiy 21:15-17 -

Bazıları, kurtulan herkesin Tanrı'nın tahtının olduğu Yeni Yeruşalim'e gireceğini ya da Yeni Yeruşalim'in tüm göksel egemenliği kapsadığını düşünür. Ama Yeni Yeruşalim tüm göksel egemenlik değil, sadece sonsuz göklerde ki bir bölümdür. Sadece kendilerini kutsallaştırabilmiş Tanrı'nın gerçek çocukları oraya girebilir. Tanrı'nın gerçek çocukları için hazırladığı Yeni Yeruşalim'in boyutlarının ne kadar geniş olduğunu düşünüyorsunuz? Şimdi Yeni Yeruşalim'in boyut ve şeklini, onlarda gizlenmiş ruhani anlamları inceleyelim.

1. Altın Kamışla Ölçüldü

Gerçek iman sahibi olanların ve büyük umutlar besleyenlerin Yeni Yeruşalim'in boyut ve şeklini merak etmeleri doğaldır. Tamamen kutsallaşmış ve Rab'lerini yansıtan Tanrı'nın çocuklarının gittiği yer olduğundan, Tanrı Yeni Yeruşalim'i olabildiğince güzel ve göz kamaştırıcı yaratmıştır.

Vahiy 21:15'de Yeni Yeruşalim'in kapı ve surlarını ölçmek içinde elinde altın bir kamışla duran meleği okursunuz. Öyleyse Tanrı niçin Yeni Yeruşalim'in altın bir kamışla ölçülmesi için yaratmıştır?

Altın kamış, gökleri ölçmek için kullanılan kenarları düz bir ölçü kamışıdır. Eğer altının ve kamışın anlamlarını biliyorsanız, Tanrı'nın Yeni Yeruşalim'i niçin altın bir kamışla ölçtüğünü anlarsınız.

Altın, "imanı" simgeler, çünkü zamanla asla değişmez. Altın kamışın altını, Tanrı'nın ölçmesinin doğru olacağı ve Vaatlerinin de yerine getirileceği gerçeğini simgeler.

İmanı ölçen kamışın özellikleri

Kamış, uzundur ve kenarları yumuşaktır. Rüzgârda kolayca sallanır, ama asla kırılmaz. Aynı anda hem güce hem de yumuşaklığa sahiptir. Kamışın budakları vardır ve bunun anlamı Tanrı'nın herkese yaptıklarına göre karşılık vereceğidir.

Dolayısıyla Tanrı'nın Yeni Yeruşalim kentini altın kamışla ölçmesinin sebebi, her bireyin imanını doğru ölçeceği ve yaptıklarına göre karşılığı vereceğidir.

Şimdi, Tanrı'nın Yeni Yeruşalim'i niçin altın bir kamışla ölçtüğünü anlayabilmek için kamışın özelliklerini ve ruhani anlamını inceleyelim.

Her şeyden önce, kamışların çok derin ve güçlü kökleri vardır. Bir ile üç metre ya da üç ile 10 fit arasında uzunlukları vardır ve bataklık ya da göl kıyılarında toplu halde yaşarlar. Zayıf köklere sahip gibi görünebilirler ama onları kolaylıkla koparamayız.

Aynı şekilde Tanrı'nın çocukları da iman da böylesi sağlam kök salmalı ve gerçeğin kayası üzerinde durmalıdırlar. Ancak her koşulda sarsılmayacak değişmeyen bir imana sahip olduğunuz takdirde boyutları altın kamışla ölçülen Yeni Yeruşalim'e girebileceksiniz. Bu sebeple elçi Pavlus, Efesli imanlılar için dua etmiştir, *"Mesih'in iman yoluyla yüreklerinizde yaşamasını dilerim. Öyle ki, Tanrı'nın bütün doluluğuyla dolmanız için, sevgide köklenmiş ve temellenmiş olarak"* (Efesliler 3:17).

İkinci olarak, kamışın çok yumuşak kenarları vardır. İsa'nın kamışları anımsatan yumuşak ve alçakgönüllü bir yüreği olduğundan asla ne kavgaya tutuşmuş ne de yakınmıştır. Hatta ve hatta başkaları O'nu yerdiği ya da O'na zulüm ettiğinde dahi tartışmamış ama aksine o yerden uzaklaşmıştır.

Bu sebeple, Yeni Yeruşalim için umut besleyenlerin tıpkı İsa gibi alçakgönüllü bir yüreğe sahip olmaları gerekir. Eğer başkaları size hatalarınızı gösterdiğinde ya da ihtar ettiğinde rahat hissetmiyorsanız, hala katı ve kibirli bir yüreğiniz var demektir. Kuş tüyü gibi yumuşak ve alçakgönüllü bir yüreğiniz varsa, bu tenkitleri üzüntü ya da hoşnutsuzluk hissetmeden memnuniyetle kabul edersiniz.

Üçüncü olarak, kamışlar rüzgârda kolayca salınır ama kolay kopup parçalanmazlar. Güçlü bir tayfun sonrası bile dev ağaçlar köklerinden sökülür ama yumuşak oldukları için güçlü rüzgârlar bile kamışları genellikle yerlerinden edip parçalayamaz. Yeryüzünde insanlar, bazen kadınların akıl ve yüreklerini olumsuz anlamda mukayese ederken kamışı kullanırlar. Ancak Tanrı'nın kıyaslaması bunun tam zıttıdır. Kamışlar yumuşaktır ve çok zayıf görülebilirler ama en güçlü rüzgârlarda bile köklerinden kopmayacak kadar güçlüdürler ve onların zarif güzelliklerini gözler önüne seren beyaz çiçekleri vardır.

Kamışların yumuşaklık, güç ve güzellik gibi özellikleri olduğundan belli yargıların adaletini simgelerler. Kamışların bu özellikleri İsrail Devletine de yorulabilir. İsrail'in oldukça küçük bir toprağı ve az bir nüfusu vardır ve etrafı düşman komşularla çevrilmiştir. İsrail zayıf bir ülke gibi görülebilir, ama asla hiçbir koşulda parçalanmaz. Bunun nedeni, İbrahim'i de içine alan imanın atalarıyla kökleşmiş imana, yani Tanrı'ya büyük bir imanla bağlı olmalarıdır. Fiziksel açıdan bir anda un ufak izlenimi vermelerine rağmen, İsraillilerin Tanrı'ya olan imanları onların sağlamca durmalarını sağlar.

Dolayısıyla Yeni Yeruşalim'e girebilmek için bizler de hiçbir koşulda sendelemeyen, kaya misali, güçlü kökleri olan kamışlara benzeyen İsa Mesih'ten kökümüzü alarak iman sahibi olmalıyız.

Dördüncü olarak, kamışların sapları düz ve yumuşaktır. Bu sebeple sıklıkla çatıların, okların ve kalem uçlarının yapımında kullanılırlar. Düz sap ayrıca ileriye doğru yol almayı ifade eder. İlerlemeye devam ettiği sürece imanın "canlı" olduğu söylenilir. Gelişen ve kendilerini geliştirenler gün be gün imanlarında büyüyecek ve göklere doğru ilerlemeye devam edeceklerdir.

Tanrı, göklere doğru ilerleyen bu iyi kapları seçer, onları arındırır ve mükemmel hale sokar ki Yeni Yeruşalim'e girebilsinler. Bu sebeple, düz bir sapın üzerinden filizlenen yapraklar gibi göklere doğru uzanmalıyız.

Beşinci olarak, huzurlu bir manzarayı betimlemek için kamışların çiçekleriyle ilgili yazan pek çok şair gibi, kamışların görüntüsü gönül okşayıcı ve güzeldir ve yaprakları da zarif ve güzeldir. 2. Korintliler 2:15'de şöyle dendiği gibi, *"Çünkü biz hem kurtulanlar hem de mahvolanlar arasında Tanrı için Mesih'in güzel kokusuyuz"* kayadan imanın üzerinde duranlar, Mesih'in güzel kokusunu yayarlar. Böyle yürekleri olanların zarif ve rahatlatıcı yüzleri vardır ve insanlar onların aracılığıyla gökleri tecrübe edinirler. Bu sebeple, Yeni Yeruşalim'e girebilmek için kamışların zarif çiçekleri ve güzel yaprakları gibi Mesih'in güzel kokusunu yaymalıyız.

Altıncı olarak, kamışların yaprakları ince, kenarları ise deriyi kesecek kadar keskindir. Aynı şekilde, imanları olanlarda günahlarına ödün vermemeli, ama günahlarını söküp atan keskin bıçaklar olmalıdırlar.

Pers Kralının hizmetine atanan ve onun tarafından çok sevilen Daniel, kendisini kıskanan adamlar tarafından aslan çukuruna atıldığı bir sınamayla yüzleşmişti. Ancak asla ödün vermemiş ve sıkıca imanına sarılmıştı. Bunun bir sonucu olarak ta Tanrı aslanların ağzını kapatması için Meleğini göndermiş ve kral ile tüm insanların gözleri önünde Daniel'in Tanrı'yı yüceltmesine izin vermişti.

Tanrı, Daniel'in ki gibi dünyaya ödün vermeyen bir imandan hoşnuttur. Bu tarz imanları olanları her türlü zorluk ve testlerden korur ve sonunda onları kutsar ve gittikleri her yerde onları *"kuyruk değil baş"* yapar (Yasa'nın Tekrarı 28:1-14).

İlaveten, Özdeyişler 8:13'ün bize şöyle söylediği gibi, *"RAB'den korkmak kötülükten nefret etmek demektir"* eğer yüreğinizde kötülük varsa, kendinizi adayarak dua etme ve oruç tutma yoluyla onları söküp atmalısınız. Ancak günahlara ödün vermediğiniz ama kötülükten nefret ettiğiniz takdirde kutsallaşacak ve Yeni Yeruşalim'e girmek için gerekli olan yetkinlikleri elde edeceksiniz.

Tanrı'nın Yeni Yeruşalim Kentini altından bir kamışla ölçme sebebine, kamışın altı özelliğini inceleyerek göz attık. Altın kamışın kullanımı, Tanrı'nın imanlarımızı doğru bir şekilde ölçtüğünü, bu yaşamımızda yapmış olduklarımıza göre bizlere karşılık vereceğini ve Vaatlerini yerini getirdiğini bilmemizi sağlar. Dolayısıyla, altın kamışın ruhani anlamlarına uygun niteliklere sahip olmanızı, her türlü kötülüğü söküp atmanızı ve Rab'bin yüreğini başarmanızı umut ediyorum.

41

2. Kare Şeklinde ki Yeni Yeruşalim

Tanrı, Yeni Yeruşalim'in boyut ve şeklini Kutsal Kitap'ta özellikle belirtmiştir. Vahiy 21:16, Kentin her yanının uzunluğu, genişliği ve yüksekliğinin takribi 24140 km (12,000 ok atımı) olduğunu anlatır. Bazıları bu konuda şöyle düşünebilir; "Kilitli kalmış hissetmeyecek miyiz?" Ancak Tanrı, Yeni Yeruşalim'in içini oldukça rahat ve konforlu yaratmıştır. Ayrıca yeni Yeruşalim kentini kimse dışarıdan göremez, ama ancak surların içinde olan insanlar dışarıyı görebilirler. Diğer bir deyişle, surların içinde olunduğu için rahatsız ya da hapis hissetmek için hiçbir sebep yoktur.

Kare şeklinde ki Yeni Yeruşalim

Öyleyse Tanrı'nın Yeni Yeruşalim'i kare şeklinde yaratmasının sebebi nedir? Aynı uzunluk ve genişlik, düzeni, titizliği, adaleti ve Yeni Yeruşalim Kentinin doğruluğunu simgeler. Tanrı her şeyi bir düzen içinde yönetir. Dolayısıyla sayısız yıldız, ay, güneş, güneş sistemimizi ve tüm evren tek bir sapma olmadan kusursuzca ve doğru hareket ederler. Bu sebeple Tanrı, her şeyi, tarihi kontrol ettiğini ifade etmek için Yeni Yeruşalim'i kare şeklinde meydana getirmiştir ve sona kadar da her şeyi tam bir titizlikle tamamlayacaktır.

Yeni Yeruşalim'in eş kenarlı genişliği ve uzunluğu, on iki kapısı ve her bir kenarında üç adet bulunmak üzere de on iki temeli vardır. Bu, kişi yeryüzünde her nerede yaşamış olursa olsun, Yeni Yeruşalim'e girmek için yetkinlikleri olan kişilere bu kuralların adilce uygulanacağını simgeler. Yani, altın kamışla ölçülerek yetkinlikleri ispatlananlar, cinsiyetleri, yaşları veya ırklarına bakılmaksızın Yeni Yeruşalim'e gireceklerdir. Çünkü adil ve doğru karakteri olan Tanrı, adaletle yargılar ve Yeni Yeruşalim'e girmek için gerekli olan nitelikleri kusursuzca ölçer. Dahası bir kare, kuzey, güney, doğu ve batıyı simgeler. Tanrı, Yeni Yeruşalim'i yaratmış ve dört yönde ki uluslardan kurtulmuş imanlı ve mükemmel çocuklarını çağırmıştır.

Vahiy 21:16 şöyle der, *"Kent kare biçimindeydi, uzunluğu enine eşitti. Melek kenti kamışla ölçtü, her bir yanı 12 000 ok atımı geldi. Uzunluğu, eni ve yüksekliği birbirine eşitti."* 'Yirmi dört bin yüz kırk kilometre', İsrail'de uzaklık ölçmek için kullanılan on iki bin (12,000) ok atımına' eşittir.

Vahiy 21:17 şöyle der, *"Melek surları da ölçtü. Kullandığı insan ölçüsüne göre 144 arşındı."*

Yeni Yeruşalim Kentinin surları yetmiş iki yard kalınlığındadır. 'Yetmiş-iki yard', "144 kübit" veya 65 metreye ya da 213 fite tekabül eder. Yeni Yeruşalim kenti muazzam olduğundan, duvarları da mukayese edilemeyecek kadar kalındır.

4. Bölüm

Saf Altın ve Her Renkten Değerli Taşlarla Yapılmıştır

1. Saf Altın ve Her Çeşit Taşla Donatılmıştır
2. Yeni Yeruşalim'in Duvarları Yeşim Taşından Yapılmıştır
3. Cam Duruluğunda Saf Altından Yapılmıştır

*Surlar yeşimden yapılmıştı. Kent ise,
cam duruluğunda saf altındandı.*

- Vahiy 21:18 -

Saf Altın ve Her Renkten Değerli Taşlarla Yapılmıştır

Farz edin ki kendiniz ve sevdiğinizin sonsuza dek yaşayacağı bir evi inşa ettirmek için yeterince zengin ve yetki sahibisiniz. Böyle bir evi nasıl tasarlardınız? Ne tür malzemeler kullanırdınız? Size ne kadar paraya, zamana ya da insan gücüne mal olacaksa olsun, onu en güzel ve en büyüleyici şekilde inşa etmeyi isterdiniz.

Aynı şekilde Babamız Tanrı, sevgili çocuklarıyla sonsuza dek yaşayacağı Yeni Yeruşalim'i göklerin en iyi malzemelerinden en güzel şekliyle inşa edip süslemeyi istemez miydi? Buna ilaveten, Yeni Yeruşalim'de ki her bir malzeme, yeryüzünde iman ve sevgiyle katlandığımız zamanları hatırlatan farklı anlamlar taşır ve her şey öylesine harikuladedir.

Yüreklerinin derinliklerinde Yeni Yeruşalim'e özlem duyanların onun hakkında daha çok bilgi sahibi olmayı istemeleri sadece doğaldır.

Tanrı, bu insanların yüreklerini bilir ve Kutsal Kitap'ta detaylıca Yeni Yeruşalim'in boyut, şekil ve hatta surlarının kalınlığı da olmak üzere her türlü bilgiyi vermiştir.

Öyleyse Yeni Yeruşalim Kenti nelerden yapılmıştır?

1. Saf Altın ve Her Çeşit Taşla Donatılmıştır

Tanrı'nın Çocukları için hazırladığı Yeni Yeruşalim, asla değişmeyen saf altından yapılmış ve diğer değerli taşlarla süslenmiştir. Göklerde yeryüzünde ki toprak gibi zamanla değişen malzemeler yoktur. Yeni Yeruşalim'in ana caddeleri saf altından, temelleri ise değerli taşlardan meydana gelmiştir. Eğer ki Yaşam suyu Irmağının iki yanında ki kumlar altın ve gümüştense, diğer yapılar için kullanılan malzemeler ne kadar daha çarpıcı olmalıdır?

Yeni Yeruşalim: Tanrı'nın Başyapıtı

Yeryüzünde ki tüm ünlü binalar, onların inşasında kullanılan malzemelere bağlı olarak ışıltılarında, değerlerinde, güzellik ve zarafetlerinde birbirlerinden farklılık gösterirler. Mermerler, kum ve tahta ya da çimentodan daha parlak, daha güzel ve daha zariftir.

En pahalı altın ve değerli taşlardan inşa edilen bir yapının ne kadar güzel ve göz alıcı olduğunu hayal edebilir misiniz? Göklerde ki en güzel malzemelerden yapılmış olan binalar ne kadar daha güzel ve büyüleyici olmalılar!

Göklerde Tanrı'nın gücüyle ortaya konan altın ve değerli taşlar, yeryüzünde olanlardan kalite, renk ve saflık açısından farklıdır. Onların güzel bir şekilde parlayan saflığı ve ışığı kelimelerle ifade bile edilemez.

Hatta yeryüzünde çeşitli kaplar aynı kilden yapılır. Ancak kilin çeşidi ve çömlekçinin becerisine bağlı olarak bazıları pahalı porselenler, bazılarıysa ucuz çanak çömlek olurlar. Kentin mimarının olağanüstü, kıymetli ve mükemmel görkemiyle dolu olan Yeni Yeruşalim'i, diğer bir deyişle Tanrı'nın başyapıtını inşa etmek Tanrı'nın binlerce yılını almıştır.

Saf altın imanı ve sonsuz yaşamı temsil eder

Saf altın, içinde hiçbir katışıklık barındırmayan, yüzde yüz altındır ve yeryüzünde değişmeyen tek şeydir. Bu özelliğinden dolayı bazı ülkelerin para birimi ve döviz kurları altına endekslidir. Altın, süslemelerde ve sanayi amaçlı da kullanılır. Saf altın, insanların aradığı ve sevdiği bir objedir.

Tanrı'nın yeryüzünde bizlere altını vermesinin sebebi, asla değişmeyecek olan şeylerinde var olduğunu idrak etmemizi sağlamak içindir. Yeryüzünde var olan şeyler zaman geçtikçe eskir ve değişir. Sadece böyle şeylere sahip olsaydık, sınırlı bilgimizle ebedi göksel egemenliğin olduğunu kavramamız zorlaşacaktı.

Bu sebeple Tanrı, asla değişmeyen altının yoluyla bizlerin sonsuz şeylerin olduğunu bilmemize izin verir. Bizlerin asla değişmeyen şeylerin var olduğunu anlamamızı ve ebedi göksel egemenlik için umut beslememizi sağlar. Saf altın, asla değişmeyen ruhani imanı simgeler. Eğer akıllıysanız, tıpkı asla değişmeyen saf altın gibi bir imana sahip olmalısınız.

Göklerde saf altından yapılmış pek çok şey vardır. Yeryüzünün en kıymetli cevheri addedilen saf altından yapılmış göksel egemenliğe sadece bakarak ne kadar şükranla dolu olacağınızı hayal edin!

Ama akıllı olmayanlar, altını zenginliklerine zenginlik katma aracı olarak göreceklerdir. Bu yüzden Tanrı'dan uzak düşerler ve O'nu sevmezler. Sonunda ise cehennemde ki ateş ya da kükürt gölüne düşecek ve her daim üzüntü içinde olacaklardır. "Eğer imanı, altın kadar değerli görseydim cehennemde azap içinde olmayacaktım."

Bu sebeple akıllı ve hayatınız sonlandığında bırakmak zorunda kalacağınız bu dünyanın altınını değil, değişmeyen bir imanı elde etmeye çalışarak göksel egemenliğe sahip olmanızı umut ediyorum.

Değerli Taşlar Tanrı'nın görkem ve sevgisini simgeler

Değerli taşlar katıdır ve yüksek kırılma göstergesine sahiptirler. Güzel renkleri vardır ve bu renklerini ve ışıklarını yayarlar. Çoğunluğu üretilmediğinden, çoğu kişi onları sever ve onları değerli bulur. Göklerde Tanrı, imanla göklere girenlere keten giydirecek ve sevgisini ifade etmek için onları değerli taşlarla donatacaktır.

İnsanlar değerli taşlara bayılırlar ve çeşitli süslemelerle kendilerini daha güzel göstermeye çabalarlar. Tanrı'nın göklerde sizlere pek çok parlak değerli taş vermesi ne kadar da mutluluk verici olacaktır?

Biri, "göklerde niçin değerli taşlara ihtiyacımız olsun ki?" diye sorabilir. Göklerde ki değerli taşlar, Tanrı'nın görkemini simgeler ve kişinin ödüllendirildiği değerli taşların miktarı Tanrı'nın bu kişi için duyduğu sevginin ölçüsünü temsil eder.

Göklerde değerli taşların sayısız çeşidi ve renkleri vardır. Yeruşalim'in on iki temeli için saydam lacivert taşı, yeşil renkte saydam zümrüt, koyu kırmızı yakut, sarımsı yeşil saydam yakut kullanılmıştır. Beril, bize berrak denizleri hatırlatan mavimsi yeşil renktedir ve topazın hafif turuncu bir rengi vardır. Sarıca zümrüt, yarı saydam koyu yeşildir ve ametistin açık menekşe ya da koyu mor ışıkları vardır.

Bunların dışında yeşim, akik, damarlı akik ve gökyakut gibi

güzel renkleri olan ve bunları etrafa yayan sayısız değerli taş vardır. Tüm bu değerli taşların yeryüzünde olduğu gibi farklı adları ve önemi vardır. Bu değerli taşların renkleri ve adları itibar, şeref, kıymet ve görkemi göstermek için birleşmişlerdir.

Nasıl yeryüzünde ki değerli taşlar farklı açılardan farklı renk ve ışık veriyorlarsa, göklerde ki değerli taşlarında çeşitli ışık ve renkleri vardır ve özellikle Yeni Yeruşalim'de olanlar iki katı, üç katı daha fazla parlar ve ışığı yansıtırlar.

Aşikâr bir şekilde bu değerli taşlar, yeryüzünde ki taşlarla mukayese edilmenin çok ötesinde güzeldir çünkü Tanrı'nın ta kendisi onları yaratılışın gücüyle cilalamıştır. Bu sebeple elçi Yuhanna, Yeni Yeruşalim'in güzelliğinin en değerli taşlar gibi olduğunu söylemiştir.

Ayrıca Yeni Yeruşalim'de ki değerli taşlar, diğer göksel yerlere nazaran daha güzel ışıklar yayarlar çünkü oraya giren Tanrı'nın çocukları Tanrı'nın yüreğini tamamıyla başarmış ve O'nu yüceltmişlerdir. Yeni Yeruşalim'in içi ve dışı, çeşitli renklerde pek çok güzel değerli taşla bezenmiştir. Ama bu değerli taşlar herkese verilmez ve yeryüzünde her bir bireyin yaptıkları işleri göre verilir.

2. Yeni Yeruşalim'in Duvarları Yeşim Taşından Yapılmıştır

Vahiy 21:18 bizlere Yeni Yeruşalim'in duvarlarının "yeşim taşından yapıldığını" söyler. Her bir yanı yeşim taşından yapılmış Yeni Yeruşalim'in surlarının ne kadar büyük olabileceğini tasavvur edebiliyor musunuz?

Yeşim ruhani imanı simgeler

Yeryüzünde bulunan yeşim, katı ve ışık geçirmez bir taştır. Renkleri yeşil ve kırmızıdan sarımsı yeşile kadar çeşitlilik gösterir. Bazıları karışık renktedir ya da üzerinde benekler vardır. Rengine göre katılığı da değişir. Yeşim nispeten daha ucuz bir taştır ve bazıları kolayca kırılabilir. Ancak göksel yeşim taşı, Tanrı tarafından yapıldığından asla ne değişir ne de kırılır. Göksel yeşimin mavimsi beyaz bir rengi vardır ve saydamdır. Dolayısıyla ona bakan biri duru bir suya bakar gibi hisseder. Her ne kadar yeryüzünde mevcut olan hiç bir şeyle mukayese edilemeyecek olsa bile, okyanus dalgalarının üzerine düşen parlak ve mavimsi güneş ışınlarına andırır.

Yeşim, ruhani imanı simgeler. İman, bir Hristiyan hayatını sürdürebilmek için en önemli ve en temel unsurdur. İmanınız olmadan ne kurtuluşa nail olabilir, ne de Tanrı'yı hoşnut edebilirsiniz. Dahası, Tanrı'yı hoşnut eden çeşitte ki bir imana sahip olmadan Yeni Yeruşalim'e de giremezsiniz.

Yeni Yeruşalim kenti imanla inşa edilmiştir ve bu imanı ifade eden renk, yeşim taşının rengidir. Bu sebeple, Yeni Yeruşalim'in surları yeşimden yapılmıştır.

Eğer Kutsal Kitap bizlere, "Yeni Yeruşalim'in surları imanla yapılmıştır" deseydi, insanlar bu ifadeyi anlayabilecekler miydi? Elbette ki insan düşüncesiyle Yeni Yeruşalim'in nasıl güzelce donatılmış olduğunu hayal etmeye çalışmak bile çok güç olacaktı.

Yeşimden yapılmış surlar, Tanrı'nın görkeminin ışığıyla billur gibi ışıldar ve pek çok tasarım ve desenle süslenmiştir.

Yeni Yeruşalim Kenti, Yaratan Tanrı'nın başyapıtı, 6000 yıllık insanın yetiştirilme sürecinde kazanılan en iyi meyvenin ebedi dinlence yeridir. Kent nasıl olağanüstü, güzel ve parlak olmalıdır? Yeni Yeruşalim'in en iyi teknoloji ve çalışmasını asla derinlemesine anlayamayacağımız donanımlarla inşa edildiğini idrak etmeliyiz.

Surlar her ne kadar saydam olsa bile, içeri dışarıdan görülemez. Ama bu, kentin içinde olanların kendilerini hapis altında hissetmeleri anlamına gelmez. Yeni Yeruşalim sakinleri sanki hiç sur yokmuş gibi, içeriden dışarıyı görebilirler. Bu ne kadar da fevkalade bir durumdur!

3. Cam Duruluğunda Saf Altından Yapılmıştır

Vahiy 21:18 şöyle der, *"Kent ise, cam duruluğunda saf altındandı."* Yeni Yeruşalim'i hayal edebilmek ve onun güzelliğini daha iyi kavrayabilmek için şimdi altının özelliklerine bakalım.

Saf altının değişmeyen bir değeri vardır

Altın, hava ve suda oksitlenmez. Altın zamanla değişime uğramaz ve diğer maddelerle kimyasal reaksiyon göstermez. Hep aynı kalır ve aynı güzel parlaklığı verir. Yeryüzünde ki altın, alaşım yapmamıza imkân verecek kadar hafiftir. Göklerde ise altın o kadar hafif değildir. Ayrıca göklerde ki altın ve diğer değerli taşlar farklı renkler verirler. Işıklarını Tanrı'nın görkeminden aldıklarından, yeryüzünde olanlardan daha farklı katılıkları vardır.

Hatta yeryüzünde bile, mücevherlerin zarafet ve değeri zanaatkârın hüner ve tekniklerine göre farklılık gösterir. Tanrı'nın bizzat kendisi tarafından dokunulup şekillendirildiklerinden, Yeni Yeruşalim'de ki değerli taşlar ne kadar daha değerli ve güzel olmalı? Göklerde güzel ve iyi objeler için ne açgözlülük ne de arzu vardır. Yeryüzünde insanlar değerli taşları boş ünleri yüzünden sevme eğilimi gösterirler ama göklerde onları ruhani açıdan severler çünkü her birinin ruhani önemini bilir, gökleri güzel taşlarla süsleyerek hazırlayan Tanrı'nın sevgisini anlarlar.

Tanrı Yeni Yeruşalim'i saf altından yapmıştır

Öyleyse Tanrı niçin Yeni Yeruşalim Kentini cam duruluğunda ki saf altından yapmıştır? Önceden bahsi geçtiği üzere, saf altın imanı, imanla doğan umudu, zenginliği, saygınlığı ve otoriteyi simgeler. "İmanla doğan umut", imanınız olduğu için kurtuluşa nail olacağınız, Yeni Yeruşalim için ümit besleyeceğiniz, günahlarınızı söküp atacağınız, kendinizi kutsallaştırmak için gayret göstereceğiniz ve umutla ödüllerinizi dört gözle bekleyeceğiniz anlamına gelir.

Bu sebeple Tanrı, Kenti saf altından yapmıştır ki oraya tutkulu bir umutla girenlerin hepsi sonsuza dek minnet ve mutlulukla dolu olsunlar.

Vahiy 21:18 bizlere Yeni Yeruşalim'in "cam duruluğunda" olduğunu söyler. Yeni Yeruşalim'in manzarasının ne kadar berrak ve güzel olduğunu tasvir etmek amacıyla bu kelime kullanılmıştır. Göklerde ki altın, yeryüzünde bulunan ışık geçirmez altının aksine bir cam kadar duru ve saftır.

Yeni Yeruşalim, saf altından yapıldığından duru ve güzeldir. Bu sebeple elçi Yuhanna kentin "cam duruluğunda saf altın" gibi olduğunu söylemiştir.

Saf altından ve renk renk değerli taşlardan yapılmış Yeni Yeruşalim Kentini hayal etmeye çalışın.

Rab'be iman ettikten sonra altın ve değerli taşları alelade taşlar olarak gördüm ve onlara sahip olmak için hiçbir arzu duymadım. Gökler için umutla dopdoluydum ve bu dünyaya ait şeyleri sevemedim. Ama göksel egemenliği öğrenmek için dua ettiğimde, Rab bana şöyle dedi, "Göklerde her şey altın ve değerli taşlardan yapılmıştır. Bunları sevmelisin" Bana, altın ve değerli taşları toplamaya başla demek istemedi. Aksine, Tanrı'nın takdiri ilahisini, değerli taşların ruhani önemini anlamalı ve onları Tanrı'nın uygun gördüğü şekilde sevmeliydim.

Sizleri ruhani açıdan altın ve değerli taşları sevmeniz için teşvik ediyorum. Altını gördüğünüz zaman, "saf altın gibi bir imana sahip olmalıyım" diye düşünebilmelisiniz. Diğer değerli taşları gördüğünüzde, "göklerde ki evim ne kadar da güzel olacak?" diyerek göksel egemenlik için umut besleyebilmelisiniz.

Saf altın gibi bir imana sahip olarak ve göklere doğru koşarak asla değişmeyen altından ve harikulade taşlardan yapılmış göksel eve sahip olmanız için Rab'bimiz İsa Mesih'in adıyla dua ediyorum.

55

5. Bölüm

On iki Temelin Önemi

1. Yeşim: Ruhani İman
2. Lacivert Taşı (Safir): Dürüstlük ve Bütünlük
3. Akik: Masumiyet ve Fedakâr Sevgi
4. Zümrüt: Doğruluk ve Temizlik
5. Damarlı Akik: Ruhsal Sadakat
6. Kırmızı Akik: Tutkulu Sevgi
7. Sarı Yakut: Merhamet
8. Beril: Sabır
9. Topaz: İyilik
10. Sarıca Zümrüt: Özdenetim
11. Gökyakut: Saflık ve Kutsallık
12. Ametist: Güzellik ve Yumuşak Huyluluk

Kent surlarının temelleri her tür değerli taşla bezenmişti. Birinci temel taşı yeşim, ikincisi laciverttaşı, üçüncüsü akik, dördüncüsü zümrüt, beşincisi damarlı akik, altıncısı kırmızı akik, yedincisi sarı yakut, sekizincisi beril, dokuzuncusu topaz, onuncusu sarıca zümrüt, onbirincisi gökyakut, onikincisi ametistti.

- Vahiy 21:19-20 -

Elçi Yuhanna, on iki temel hakkında detaylıca yazmıştır. Yuhanna'nın, Yeni Yeruşalim'le ilgili böylesine derinlemesine bir yazı yazmasının nedeni nedir? Tanrı, Yeni Yeruşalim'in on iki temelinin ruhani önemini bilerek çocuklarından sonsuz yaşama ve gerçek imana sahip olmalarını ister.

Öyleyse Tanrı neden on iki temeli on iki değerli taştan yapmıştır? On iki değerli taşın birleşimi, İsa Mesih'le Tanrı'nın yüreğini ve sevginin doruk noktasını simgeler. Dolayısıyla on iki değerli taşın her birinin ruhani önemini anlarsanız, yüreğinizin ne kadar İsa Mesih'i yansıttığını ve Yeni Yeruşalim'e girmek için ne kadar yetkin olduğunuzu kolayca anlarsınız.

Şimdi on iki temel taşı ve onların ruhani önemlerini inceleyelim.

1. Yeşim: Ruhani İman

Yeni Yeruşalim'in surlarının ilk temeli olan yeşim, ruhani imanı simgeler. İman genel olarak "ruhani iman" ve "benliğin imanı" olarak ikiye ayrılır. Benliğin imanı bilgiye dayanan iman iken, ruhani iman köken itibarıyla kişinin yüreğinden gelen eylemlerin eşlik ettiği imandır. Tanrı'nın arzuladığı benliğin imanı değil, ruhani imandır. Eğer ruhani imanınız yoksa "imanınıza" eylemler eşlik etmez ve ne Tanrı'yı hoşnut edebilir ne de Yeni Yeruşalim'e girebilirsiniz.

Ruhani iman Hristiyan yaşantısının temelidir

"Ruhani iman"; bir kişinin Tanrı Sözünün bütününe inandığı imandır. Eğer eylemlerin eşlik ettiği böyle bir imana sahipseniz, kutsallaşmaya ve Yeni Yeruşalim'e doğru koşmaya çalışacaksınız. Ruhani iman, Hristiyan yaşantısının sürdürülmesindeki en önemli unsurdur. İman olmadan kurtulamaz, dualarınıza yanıt alamaz ya da göksel egemenliğe umut besleyemezsiniz.

İbraniler 11:6 bize şunu hatırlatır, *"İman olmadan Tanrı'yı hoşnut etmek olanaksızdır. Tanrı'ya yaklaşan, O'nun var olduğuna ve kendisini arayanları ödüllendireceğine iman etmelidir."* Gerçek bir iman sahibiyseniz önce sizi ödüllendiren Tanrı'ya inanır ve sonra O'na sadık olursunuz, imanla günahlarınızı söküp atmak için mücadele verir ve dar yoldan yürürsünüz. Dahası tüm gayretinizle iyi şeyler yapar ve Kutsal Ruh'u izleyerek Yeni Yeruşalim'e girersiniz.

Bu suretle; iman, Hristiyan yaşantısının temelidir. Nasıl ki sağlam temelli olmayan bir bina güvenli değilse, sizde sağlam bir imana sahip olmadan uygun bir Hristiyan yaşantısı süremezsiniz.

Bu sebeple Yahuda 1:20-21 bize şu teşvikte bulunur, *"Ama siz, sevgili kardeşlerim, kendinizi tümden kutsal olan imanınızın temeli üzerinde geliştirin. Kutsal Ruh'un yönetiminde dua edin. Rabbimiz İsa Mesih'in sizi sonsuz yaşama kavuşturacak olan merhametini beklerken kendinizi Tanrı'nın sevgisinde koruyun."*

İmanın Atası İbrahim

Hiç değişmeden Tanrı'nın Sözüne inanan ve tamamıyla itaatin eylemlerini ortaya koyan en bilinen Kutsal Kitap şahsiyeti

İbrahim'dir. Hiç değişmeden imanın yetkin eylemlerini gösterdiği için ona "İmanın Atası" denmiştir.

75 yaşında, Tanrı'dan büyük bir vaat aldı. Bu, Tanrı'nın İbrahim aracılığıyla büyük bir ulus yaratacağı ve İbrahim'in bereket kaynağı olacağı vaadiydi. Bu vaade inandı ve yurdunu terk etti, ama mirasçısı olacak bir oğula 20 yıl sahip olamadı.

Öylesine çok zaman geçti ki, İbrahim ile eşi Sara çocuk sahibi olamayacak kadar yaşlandılar. Bu durum içinde bile Romalılar 4:19-20 ayetleri şöyle yazar: *"İmanı zayıflamadı."* İmansızlık edip Tanrı'nın vaadinden kuşkulanmadı, tersine imanı güçlendi. Böylece 100 yaşında oğlu İshak'a sahip oldu.

Fakat İbrahim'in imanının çok daha ışıltılı parladığı bir hadise daha oldu. O hadise, Tanrı'nın kendisinden oğlu İshak'ı yakmalık sunu olarak kurban etmesini buyurmasıdır. İbrahim, Tanrı'nın İshak aracılığıyla soyunu çoğaltacağı sözünden kuşku duymadı. Tanrı'nın Sözüne sağlam imanı olduğundan, İshak'ı yakmalık sunu olarak kurban etse dahi Tanrı'nın oğlunu dirilteceğini düşündü.

Bu sebeple Tanrı'nın Sözüne derhal itaat etti. Ve İbrahim, bu vesileyle imanın atası olmaktan çok daha fazla yetkinliğe sahip oldu. İbrahim'in soyu aracılığıyla İsrail ulusu kuruldu. Kısaca; onun imanının meyvesi somut olarak bolca verdi.

Tanrı'ya ve O'nun Sözüne inandığı için kendisine söylene itaat etti. Bu, ruhani imana bir örnektir.

Petrus göksel egemenliğin anahtarlarını aldı

Bu tarz ruhani imana sahip bir kişiyi düşünelim. Elçi Petrus'un nasıl bir imanı vardı ki, adı Yeni Yeruşalim'deki on iki temelden birinin üzerine yazılıdır? Hatta bir elçi olarak çağrılmadan önce bile Petrus'un İsa'ya itaat ettiğini biliyoruz. Örneğin İsa ona ağlarını bırakmasını söylediğinde hemen O'nun sözünü dinlemiştir (Luka 5:3-6). Ayrıca İsa, ondan bir dişi eşek ve sıpayı getirmesini istediğinde O'na imanla itaat etmiştir (Matta 21:1-7). Petrus, İsa kendisinden göle gidip bir balık yakalamasını ve balığın ağzından akçeyi çıkarmasını söylediğinde yine itaat etmiştir (Matta 17:27). Dahası kısacık bir an için bile olsa tıpkı İsa gibi suyun üzerinde yürümüştür. Petrus'un muazzam bir imanı olduğu konusunda biraz olsun fikir edinmiş sayılırız.

Bunun bir sonucu olarak; İsa, Petrus'un imanını doğru iman addetmiş ve ona göksel egemenliğin anahtarlarını vermiştir ki, yeryüzünde bağlayacağı her şey göklerde de bağlansın ve yeryüzünde çözeceği her şey göklerde de çözülsün (Matta 16:19). Petrus, Kutsal Ruh'u aldıktan sonra çok daha mükemmel bir iman kazanmış, cesurca İsa Mesih'e tanıklık etmiş ve bir şehit olana dek tüm hayatını Tanrı'nın egemenliğine adamıştır

Bizlerde tıpkı Petrus'un yaptığı gibi göksel egemenliğe doğru ilerlemeli, Tanrı'yı yüceltmeli ve Tanrı'yı hoşnut eden imanla Yeni Yeruşalim'i elde etmeliyiz.

2. Lacivert Taşı (Safir): Dürüstlük ve Bütünlük

Yeni Yeruşalim'in ikinci temelinin taşı safir, saydam ve koyu mavi bir renk verir. Öyleyse lacivert taşı ruhani olarak ne anlama gelir? Bu dünyanın her türlü baştan çıkarışlarına veya tehditlerine karşı sağlamca ayakta duran gerçeğin ta kendisinin dürüstlüğünü ve bütünlüğünü temsil eder. Lacivert taşı, Tanrı'nın iradesini bütünüyle doğru sayarak, değişmeyen ve "dürüst bir yürekle" ilerleyebilen gerçeğin ışığını simgeleyen taştır.

Daniel ve üç arkadaşı

Kutsal Kitap'ta ruhani dürüstlüğün ve bütünlüğün en iyi örneği, Daniel ve üç arkadaşında – Şadrak, Meşak ve Abed-Nego – görülür. Daniel, kralın emri dahi olsa Tanrı'nın doğruluğuna ters düşecek hiçbir şeye ödün vermedi. Aslan çukuruna atılacağı ana kadar, doğruluğunu göstermek için Tanrı'nın önünde oruç tuttu. Tanrı, Daniel'in imanının dürüstlüğünden çok hoşnut kaldı, aslanların ağızlarını kapasın diye meleklerini göndererek Daniel'i korudu ve onun Tanrı'yı çokça yüceltmesini sağladı.

Daniel 3:16-18 ayetlerinde, Daniel'in üç arkadaşının da dürüst yürekleriyle kızgın fırına atılana dek imanlarına sıkı sıkı sarıldıklarını okuruz. Putlara tapınma günahını işlememek için cesurca kralın önünde şöyle dediler:

"Bu konuda kendimizi savunma gereğini duymuyoruz. Kızgın fırına atılsak bile, ey kral, kendisine kulluk ettiğimiz Tanrı bizi kızgın fırından kurtarabilir; senin elinden de bizi kurtaracaktır. Ama bizi kurtarmasa bile bil ki, ey kral, ilahlarına kulluk etmeyiz, diktiğin altın heykele tapınmayız."

Her zamankinden yedi kat daha sıcak kızgın fırına atılmış olsalar dahi, Tanrı onlarla birlikte olduğundan en ufak bir zarar görmediler. Saçlarının tek bir telinin bile yanmaması, üzerlerine tek bir yanık kokusunun bile sinmemesi ne olağanüstü! Tüm bunlara şahit olan kral, Tanrı'yı yüceltmiş ve Daniel'in üç arkadaşını daha yüksek görevlere atamıştır.

Hiçbir şüphe duymadan imanla istemeliyiz

Yakup 1:6-8 ayetleri, Tanrı'nın dürüst olmayan yüreklerden ne kadar nefret ettiğini anlatır:

> *Yalnız hiç kuşku duymadan, imanla istesin. Çünkü kuşku duyan kişi rüzgârın sürükleyip savurduğu deniz dalgasına benzer. Her bakımdan değişken, kararsız olan kişi Rab'den bir şey alacağını ummasın.*

Eğer yüreklerimizde dürüstlük yoksa ve azda olsa Tanrı'dan şüphe edersek, kararsız kişileriszdir. Kuşku duyan kişiler bu dünyanın baştan çıkarmaları tarafından kolayca sarsılmaya eğilimlidirler çünkü özensiz ve kurnazdırlar. Dahası, kararsız olanlar Tanrı'nın görkemini göremezler, çünkü imanlarını ne gösterebilir ne de itaat edebilirler. Bu yüzden bizlere şu hatırlatılır, *"kararsız olan kişi Rab'den bir şey alacağını ummasın"* (Yakup 1:7).

Kilisemi kurduktan kısa bir süre sonra üç kızım az daha karbon monoksitten zehirleniyordu. Ancak ben hiçbir endişe duymadım ve onları hastaneye götürmeyi bile aklımdan geçirmedim; çünkü Kudretli Tanrı'ya tüm yüreğimle inanıyordum. Sadece mihraba çıkıp dizlerim üzerine çökerek şükran duası ettim. Sonra imanla şöyle yakardım: "İsa Mesih'in adıyla buyuruyorum! Zehirli gaz uzaklaş!" Ben her biri için dua ederken, baygın olan kızlarım bundan sonra hemen teker teker ayaklandılar. Buna şahit olan birkaç kilise üyesi hayret ve sevinçle dolmuş, Tanrı'yı yüceltmişlerdi.

Tanrı'yı hoşnut eden dürüst yüreklere ve dünyaya asla ödün vermeyen bir imana sahipsek, Tanrı'yı sınırsızca yüceltebilir ve Mesih'te kutsanmış hayatlar sürdürebiliriz.

3. Akik: Masumiyet ve Fedakâr Sevgi

Yeni Yeruşalim'in on iki temelinden üçüncüsü akik, ruhani açıdan masumiyeti ve fedakâr sevgiyi simgeler.

Masumiyet, eylemlerde temiz ve lekelenmemiş olma, yürekte hiçbir kusur barındırmama durumudur. Yüreğin bu masumiyetiyle bir kişinin kendini feda etmesi, akik taşının içerdiği ruhun yüreğidir.

Fedakâr sevgi, Tanrı'nın doğruluğu ve egemenliği için olduğunda asla karşılık beklemeyen bir sevgidir. Eğer bir kişinin fedakâr bir sevgisi varsa, diğerlerini her durumda severek ve karşılığında hiçbir şey beklemeyerek kendini doygun hisseder. Çünkü ruhani sevgi asla kendi çıkarlarını değil, sadece diğerlerinin iyiliğini düşünür.

Benliğin sevgisiyle sevgisine karşılık bulmayan bir kişi boş, üzgün ve kalbi kırık hisseder, çünkü böyle bir sevgi bencilliğin ürünüdür. Dolayısıyla fedakâr sevgi yerine benliğin sevgisi olan biri diğerlerinden nefret edebilir veya zamanında yakın olduğu kişilerle düşman olabilir.

Bu sebeple, gerçek sevginin tüm insanlığı seven Rab'bin sevgisi olduğunu kavramalı ve kefaret sunusu olmalıyız.

Karşılığında hiç bir şey beklemeyen fedakâr sevgi

Tanrısal özyapıya sahip Rab'bimiz İsa, kendini önemsizleştirdi, alçak bir konuma indirgedi ve bir beden olarak insanlığı kurtarmak üzere yeryüzüne geldi. Hayvanlar misali insanları kurtarmak için bir ahırda doğdu ve yemliğe yatırıldı. Bizleri sefaletten kurtarmak için tüm yaşamı boyunca sefalet çekti. Hastaları iyileştirdi, zayıfları güçlendirdi, umutsuzlara umut verdi ve ihmal edilenlere dost oldu. Bizlere sadece iyiliği ve sevgiyi gösterdi. Ama bu yüzden alaya maruz kaldı, dövüldü ve sonunda O'nun Kurtarıcımız olduğunu kavrayamayan kötü insanlarca dikenden bir taç giydirilerek çarmıha gerildi.

Hatta çarmıhın üzerinde acılar çekerken bile kendisiyle alay edenler ve çarmıha gerenler için Baba Tanrı'ya dua etti. Günahsız ve lekesizdi, ama günahkâr insanlar için kendini feda etti. Rab'bimiz bu fedakâr sevgiyi tüm insanlığa sundu ve herkesten birbirlerini sevmesini istedi. Bu sebeple; eğer başkalarını gerçekten seviyorsak, Rab'den böyle bir sevgi alan bizler, karşılığında bir şey istememeli ve bir beklenti içinde olmamalıyız.

Fedakâr sevgiyi gösteren Rut

Rut bir İsrailli değil, Moavlı bir kadındı. İsrail'deki kıtlıktan kaçmak için Moav topraklarına gelen Naomi'nin oğluyla evliydi. Naomi'nin iki oğlu vardı ve her ikisi de Moavlı kadınlarla evliydiler. Ama oğullarının her ikisi de orada öldü.

İsrail'deki kıtlığın son bulduğunu bu koşullar altında duyan Naomi, İsrail'e geri dönmeyi istedi. Gelinlerine, ülkeleri olan Moav'da kalmalarını önerdi. Onlardan biri önce reddetti, ama sonunda ailesinin yanına döndü. Fakat Rut kayınvalidesinin peşinde gitmekte ısrarlıydı.

Eğer Rut'un fedakâr bir sevgisi olmasaydı, bunu yapmazdı. Çok yaşlı olduğu için, Rut kayınvalidesine destek olmalıydı. Dahası, kendisine tamamen yabancı olan topraklarda yaşamaya gidiyordu. Kayınvalidesine oldukça iyi hizmet etmiş olmasına rağmen alacağı bir ödül de olmayacaktı.

Rut, hiçbir kan bağı olmadığı ve kendisine tamamen yabancı sayılan kayınvalidesine karşı fedakâr sevgiyi gösterdi; çünkü Rut da tıpkı kayınvalidesi gibi Tanrı'ya inanıyordu. Bu, Rut'un fedakâr sevgisinin salt kendi görev duygusundan kaynaklanmadığı, Tanrı'ya imanından gelen ruhani iman olduğu anlamına gelir.

Rut, kayınvalidesiyle birlikte İsrail'e geldi ve çok çalıştı. Gündüzleri tarlalarda başak devşiriyor ve bununla kayınvalidesine bakıyordu. İyiliğin bu içten eylemi doğal olarak insanlar arasında tanınmasına yol açtı. Sonunda Rut, kayınvalidesinin akrabası ileri gelen ve varlıklı bir adam olan Boaz sayesinde bolca kutsandı.

Pek çok insan kendilerini alçakgönüllü kılıp feda ettikleri takdirde değerlerinin düşeceğini düşünür. Bu sebeple kendilerini feda edemez ya da alçakgönüllü kılamazlar. Fakat saf bir yürekle hiçbir bencil motif gütmeden kendilerini feda edebilenler, Tanrı'nın ve insanların huzurunda ifşa edileceklerdir. İyilik ve sevgi, ruhani ışıklar misali başkaları için ışıyacak. Tanrı, fedakâr bu sevgiyi üçüncü temel taşı akiğin ışığına benzetir.

4. Zümrüt: Doğruluk ve Temizlik

Yeni Yeruşalim'in on iki temelinden dördüncüsü olan zümrüt yeşildir ve doğanın güzelliğiyle müşfik yeşilini simgeler. Ruhani açıdan zümrüt, doğruluğu ve temizliği simgeler. Efesliler 5:9 ayetinde, *"Çünkü ışığın meyvesi her iyilikte, doğrulukta ve gerçekte görülür,"* yazdığı gibi, ışığın meyvesini temsil eder. *"Tüm iyiliğin ve doğruluğun ve gerçeğin"* ahengini taşıyan renk, zümrüdün ruhani ışığıyla aynıdır. Ancak iyiliğin, doğruluğun ve gerçeğin tümüne sahip olduğumuz zaman Tanrı'nın nazarında gerçek doğruluğa sahip olabiliriz.

Doğruluk olmadan salt iyilik ya da iyilik olmadan salt doğruluk olmaz. Ve bu iyilikle doğruluk gerçek olmak zorundadır. Gerçek asla değişmeyen bir şeydir. Bu sebeple, iyiliğe ve doğruluğa sahip olsak bile gerçek olmadığı sürece bir anlamı yoktur.

Tanrı'nın onayladığı "doğruluk", günahları söküp atmak, Kutsal Kitap'ta mevcut tüm buyruklara tamamıyla uymak, doğru olmayan her türlü şeyden kendimizi temizlemek, tüm yaşam boyunca sadık olabilmek ve bunun gibi şeylerdir. Tüm bunların yanı sıra; Tanrı'nın isteği peşi sıra Tanrı'nın egemenliği ve doğruluğunu arama, düzgün ve disiplinli eylemler, adaletten sapmama, doğru tarafta sağlamca durma vb. Tanrı'nın onayladığı "doğruluk" tur.

Ne kadar uysal ve iyi olursak olalım, doğru olmadığımız takdirde ışığın meyvesini veremeyiz. Farz edin ki masum olmasına rağmen biri babanızın boğazına sarılmış ve ona hakaret ediyor olsun. Eğer sessizliğinizi devam ettirir ve babanızın acı çekmesini seyrederseniz, buna gerçek doğruluk diyemeyiz. Bir oğul olarak babanıza olan vazifelerinizi yerine getirmiyorsunuz demektir.

Dolayısıyla; doğruluğun olmadığı bir iyilik, Tanrı'nın nazarında ruhani "iyilik" değildir. Sinsi ve kararsız zihin nasıl iyi olabilir? Aynı şekilde iyiliğin olmadığı doğrulukta Tanrı'nın nazarında doğruluk olmaz, sadece bireyin gözünde olur.

Davut'un doğruluğu ve temizliği

Davut, Saul'dan sonra İsrail'in ikinci kralı oldu. Saul'un kral olduğu zaman İsrail, Filistlilerle savaşıyordu. Davut imanıyla Tanrı'yı hoşnut etti ve Golyat'ı yenilgiye uğrattı. Bu sayede İsrail zafer kazandı.

Ve insanlar bundan sonra Davut'u sevince Saul kıskançlıkla Davut'u öldürmeye çalıştı. Tanrı, kibri ve itaatsizliği yüzünden Saul'a çoktan yüzünü dönmüştü. Tanrı, Saul'un yerine Davut'u kral yapacağının vaadinde bulundu.

Hal böyle olsa da, Davut Saul'a iyilikle, doğrulukla ve dürüstlükle muamele etti. Masum olan Davut uzunca bir zaman kendisini öldürmeye çalışan Saul'dan kaçmak zorunda kaldı. Bir keresinde Davut'un Saul'u öldürmek için çok iyi bir fırsatı oldu. Davut'la birlikte olan askerler mutluydu ve Saul'u öldürmeyi istediler, ama Davut, onların Saul'u öldürmelerine mani oldu.

1 Samuel 24:6 ayetinde Davut şöyle der: *"Efendime, RAB'bin meshettiği kişiye karşı böyle bir şey yapmaktan, el kaldırmaktan RAB beni uzak tutsun. Çünkü o RAB'bin meshettiği kişidir."*

Tanrı, Saul'a yüzünü dönmüş olsa bile, Tanrı tarafından kral olarak meshedilmiş Saul'u Davut incitemedi. Çünkü Saul'un yaşamasına ya da ölmesine izin veren yetkinlik Tanrı'daydı ve Davut gücünü aşmadı. Tanrı, Davut'un bu yüreğinin doğru olduğunu söyler.

Davut'un doğruluğu, müessir iyiliğiyle ifşa oldu. Saul, Davut'u öldürmeye çalışıyordu, ama Davut onun hayatını esirgedi. Bu, öylesine büyük bir iyiliktir. Kötülüğe kötülükle karşılık vermek yerine, iyi söz ve eylemlerle karşılık verdi. Bu iyilik ve doğruluk dürüsttü ve gerçeğin ta kendisinden geliyordu.

Saul, Davut'un hayatını esirgediğini öğrendiği zaman bu iyiliğinden etkilendi ve yüreği değişir gibi oldu. Fakat kısa zamanda düşünceleri yeniden değişti ve Davut'u tekrar öldürmeye çalıştı. Bir kez daha Davut'un Saul'u öldürmek için bir fırsatı oldu, ama öncesinde olduğu gibi yaşamasına izin verdi. Davut, Tanrı'nın onayladığı iyiliği ve doğruluğu değişmeden gösterdi.

Eğer Davut, ilk fırsat eline geçtiğinde Saul'u öldürmüş olsaydı, onca çileyi çekmeden daha kısa zamanda kral olabilir miydi? Tabii ki olabilirdi. Gerçek yaşamda pek çok çile ve zorluklardan geçmek zorunda olsak bile, Tanrı'nın doğruluğunu seçen bir yüreğe sahip olmalıyız. Ve eğer Tanrı tarafından doğru kişiler sayılırsak, Tanrı'nın güvencesinde olmamızın seviyesi de farklı olacaktır.

Davut, Saul'u kendi elleriyle öldürmedi. Saul, öteki ulusların elinde öldü. Ve Tanrı'nın tasdikiyle Davut İsrail'in kralı oldu. Dahası, kral olduktan sonra oldukça güçlü bir ulus inşa etti. En temel neden; Tanrı'nın Davut'un adil ve saf yüreğinden oldukça hoşnut olmasıdır.

Aynı şekilde bizlerde iyilikte, doğrulukta ve gerçekte uyum ve yetkinlik içinde olmalıyız ki, ışığın—dördüncü temel olan zümrüdün meyvesi—bolca meyvesini ve Tanrı'nın hoşnut olduğu doğruluğun kokusunu verelim.

5. Damarlı Akik: Ruhani Sadakat

Yeni Yeruşalim'in on iki temelinden beşincisi olan damarlı akik, ruhani açıdan sadakati temsil eder. Eğer sadece yapmamız gerekeni yapıyorsak, sadık olduğumuz söylenemez. Yapmamız gerekenden fazlasını yaptığımız zaman sadık olduğumuzu söyleyebiliriz. Bize verilen görevlerden daha fazlasını yaparsak tembelleşmeyiz. Görevlerimizi yerine getirirken her şeyde gayretli ve çalışkan olmalı ve sonra onlardan fazlasını yapmalıyız.

Bir yerde çalıştığınızı farz edin. İşinizi salt iyi yapıyorsunuz diye sizin sadık olduğunuzu söyleyebilir miyiz? Zaten yapmanız gerekeni yapıyor olduğunuzdan, çalışkan ve sadık olduğunuzu söyleyemeyiz. Sadece size verilen görevi yerine getirmemeli, ama ayrıca tüm yüreğiniz ve aklınızla size tahsis edilmemiş şeyleri de yapmaya çalışmalısınız. Ancak o zaman sizlerin sadık olduğunuzu söyleyebiliriz.

Tanrı'nın tasdik ettiği çalışkan sadakat tüm yüreğiniz, aklınız, ruhunuz ve yaşamınızla görevinizi yapmanızdır. Ve bu çeşit sadakat, her alanda (kilise, işyeri ve aile) kendini göstermelidir. O zaman Tanrı'nın bütün evinde sadık olduğunuzu söyleriz.

Ruhani açıdan sadık olmak

Ruhani sadakate sahip olmamız için öncelikle doğru bir yüreğe sahip olmalıyız. Tanrı'nın göksel egemenliğinin genişlemesi, kilisenin dirilişi ve gelişimi, işyerinin bereketi ve ailelerimizin mutluluğu için arzu duymalıyız. Eğer kendi çıkarımızı gözetmez, ama başkalarının ve cemaatin gönenç içinde olmasını istersek, doğru bir yüreğe sahibizdir.

Doğru bir yürekle birlikte sadık olmak için kurban edilebilir bir yüreğe sahip olmalıyız. Eğer sadece, "En önemli şey benim gönenç içinde olmam, kilisenin gelişmesi ya da gelişmemesi değil," diye düşünüyorsak, muhtemelen kilise için fedakârlık yapmayız. Böyle bir insanda sadakat bulamayız. Ayrıca Tanrı, böyle bir yüreğin doğru bir yürek olduğunu söylemez.

Bu doğruluğa ek olarak fedakâr bir yüreğimiz var ise, insanların ve kilisenin kurtuluşu için sadakatle çalışırız. Özel bir görevimiz olmasa bile gayretle müjdeyi duyururuz. Kimse bizden istemese dahi diğer insanlarla ilgileniriz. Ayrıca boş zamanlarımızı da onlarla ilgilenmek uğruna harcarız. Paramızı onların yararına harcar, onlara tüm sevgi ve sadakatimizi veririz.

Her açıdan sadık olmak için ayrıca yüreğimizde iyilik de olmalıdır. İyi yürekleri olanlar salt bir yöne ya da diğerine meyil etmezler. Yüreğimizde iyilik var ise, belli bir noktayı ihmal ettiğimizde huzurlu olmayız.

Yüreğinizde iyilik varsa, sahip olduğunuz tüm görevlerinizde sadık olursunuz. "Bu grubun önderliğini yaptığım için diğer grubun üyeleri toplantılarına katılamamamı mazur göreceklerdir," düşüncesiyle diğer grubu ihmal etmezsiniz. Diğer grubu ihmal etmemeniz gerektiğini iyiliğinizle hissedebilirsiniz. Dolayısıyla, toplantıda bulunamasanız dahi diğer grup için bir şey yapar ve alakadar olursunuz.

Böylesi bir tavrın büyüklüğü, sahip olduğunuz iyiliğin büyüklüğüne göre farklılık gösterecektir. Eğer iyiliğiniz az ise, diğer grubu pek de umursamazsınız. Ama eğer iyiliğiniz çok daha büyük ise, bir şey yüreğinizde sizi huzursuz ediyorsa görmezden gelmezsiniz. Ne tür eylemlerin iyiliğin eylemleri olduğunu biliyorsunuz ve eğer o iyiliği başaramıyorsanız, ona dayanmanız zor olur. Ancak iyiliğin eylemlerini yaptığınızda huzur bulursunuz.

İster iş yerinde olsun ister ise evde, iyi yürekli insanlar her koşul altında yapmaları gereken şeyi yapmazlar ise kısa zamanda yüreklerinde huzursuzluk hissederler. Hatta durumun el vermediği özrünü verirler.

Kilisede pek çok unvanı olan bayan bir üye olduğunu farz edin. Vaktinin çoğunu kilisede geçirir. Oldukça konuşması gerektiğinden, önceye nazaran eşi ve çocuklarıyla daha az vakit geçirmeye başlar.

Eğer yüreği iyiyse ve her açıdan sadık ise, zamanı kısıldıkça eşine ve çocuklarına daha fazla sevgi ve alaka göstermelidir. Her açıdan ve her işinde elinden gelenin en iyisini yapmalıdır.

O zaman çevresindeki insanlar yüreğinin gerçek kokusunu duyumsayabilecek ve hoşnut olacaklardır. İyiliği ve gerçek sevgiyi duyumsayabildiklerinden, onu anlamaya ve ona yardımcı olmaya çalışacaklardır. Ve bunun sonucunda herkesle barış içinde olacaktır. Bu, iyi bir yürekle Tanrı'nın bütün evinde sadık olmaktır.

73

Tanrı'nın bütün evinde sadık olan Musa gibi

Musa, Tanrı'yla yüz yüze konuşacak kadar Tanrı'nın tasdik ettiği bir peygamberdi. Kendi zorluklarına hiç kafa yormadan Tanrı'nın buyurduğu her şeyi başarmak için tüm vazifelerini harfiyen yerine getirdi. Tanrı'nın harikalarına ve belirtilerine tanık olduktan sonra dahi, İsrail ulusu karşılaştıkları en küçük zorlukta yakınmaya ve itaatsizlik etmeye devam ettiler, ama Musa sürekli sevgi ve imanla onlara öncülük etti. Hatta günahları sebebiyle Tanrı'nın öfkesi İsrail ulusunun üzerine düştüğünde bile, Musa onlara sırtını çevirmedi, aksine onların bağışlanmasını istedi. RAB'be dönüp şöyle dedi:

Çok yazık, bu halk korkunç bir günah işledi. Kendilerine altın put yaptılar. Lütfen günahlarını bağışla, yoksa yazdığın kitaptan adımı sil (Mısır'dan Çıkış 32:31-32).

İnsanların yerine oruç tuttu, hayatını riske attı ve Tanrı'nın beklentisinin çok üzerinde sadık oldu. Bu sebeple; Tanrı, Musa'yı tasdik edip, *"Ama kulum Musa öyle değildir. O bütün evimde sadıktır"* (Çölde Sayım 12:7) diyerek ondan emin olduğunu belirtmiştir.

Damarlı akiğin simgelediği sadakat, Vahiy 2:10'da yazılan ölüm pahasına sadık olabilmektir. Bu ancak önce Tanrı'yı sevdiğimiz zaman mümkündür. Bu, tüm zamanımızı ve paramızı, hatta yaşamımızı verebilmemiz ve tüm yüreğimiz ve aklımızla bize verilenden çok daha fazlasını yapabilmektir.

Eski zamanlarda krallara danışmanlık yapan, kendi hayatlarını kurban etme pahasına uluslarına sadık kalan görevliler vardı. Eğer kral zorba bir hükümdarsa, hayatları pahasına hakikaten sadık olan bu görevliler, krala doğru yoldan gitmesi hususunda nasihat verirlerdi. Sürgüne gönderilebilir ya da ölüm cezasına çarptırılabilirlerdi, ama sadıktılar; çünkü sevgileri hayatlarına mal olacak dahi olsa krallarına ve uluslarına sevgiyle bağlıydılar.

Bizden istenilenin daha fazlasını yapabilmek için, tıpkı ulusları için hayatlarını feda eden görevlilerle Tanrı'nın egemenliğini ve doğruluğunu yerine getirmek için Tanrı'nın bütün evinde sadık olan Musa gibi önce Tanrı'yı sevmeliyiz. Bu şekilde kendimizi hızla kutsallaştırarak ve hayatımızın her noktasında sadık olarak Yeni Yeruşalim'e girmemizi sağlayan yetkinlikleri elde ederiz.

6. Kırmızı Akik: Tutkulu Sevgi

Kırmızı akik, saydam ve kırmızı renktedir ve alev alev yanan güneşi simgeler. Yeni Yeruşalim surlarının altıncı temelidir ve ruhani açıdan Tanrı'nın egemenliğini ve doğruluğunu yerine getirirken duyulan tutkuyu, şevki ve tutkulu sevgiyi temsil eder. Verilen vazife ve görevleri tüm gücümüzle ve sadakatle yerine getiren yürektir.

Tutkulu sevginin farklı seviyeleri

Sevginin pek çok seviyesi vardır ve genellikle ruhani sevgi ve benliğin sevgisi olarak ikiye ayrılır. Ruhani sevgi asla değişmez; çünkü Tanrı tarafından verilir. Ancak benliğin sevgisi kolayca değişebilir; çünkü bencildir.

Dünyevi insanların sevgisi ne kadar gerçek olursa olsun, salt gerçekte var olan Rab'bin sevgisi, yani ruhani sevgi asla olamaz. Ayrıca Rab'be iman ettiğimizde ve gerçeğe eriştiğimizde bile ruhani sevgiye sahip olamayız. Ancak ve ancak Rab'bin yüreğini yansıttığımız zaman onu elde edebiliriz.

Bu ruhani sevgiye sahip misiniz? Kendinizi 1. Korintliler 13:4-7 ayetlerinde bulunan ruhani sevginin açıklamasıyla test edebilirsiniz.

> *Sevgi sabırlıdır, sevgi şefkatlidir. Sevgi kıskanmaz, övünmez, böbürlenmez. Sevgi kaba davranmaz, kendi çıkarını aramaz, kolay kolay öfkelenmez, kötülüğün hesabını tutmaz. Sevgi haksızlığa sevinmez, gerçek olanla sevinir*

Örneğin; eğer sabırlı ama bencilsek, hemen öfkelenmiyorsak ama kabaysak Pavlus'un yazdığı ruhani sevgiye sahip değilizdir. Gerçek ruhani sevgiye sahip olmak için tek bir şeyi bile atlamamalıyız.

Diğer taraftan ruhani sevgiye sahip olduğunuzu düşünmenize rağmen hala yalnızlık ve boşluk duygusu içerisindeyseniz, bunun sebebi farkında olmadan bir karşılık beklemiş olmanızdandır. Yüreğiniz henüz ruhani sevginin gerçeği ile dolmuş değildir.

Eğer ruhani sevgiyle doluysanız, asla yalnızlık ve boşluk hissi içinde olmaz, aksine her zaman hoşnut, mutlu ve şükranla dolu olursunuz. Ruhani sevgi verici olmaktan sevinç duyar ve ne kadar çok veriyorsa o kadar çok hoşnut, minnet dolu ve mutlu olur.

On iki Temelin Önemi

Ruhani sevgi verici olmaktan sevinç duyar

Romalılar 5:8 bize şöyle der, *"Tanrı ise bizi sevdiğini şununla kanıtlıyor: Biz daha günahkârken, Mesih bizim için öldü."* Tanrı, tek ve biricik Oğlu İsa'yı çok sevdi, çünkü İsa tam anlamıyla Tanrı'yı yansıtan gerçeğin ta kendisiydi. Ama buna rağmen tek ve biricik Oğlunu kurban olarak vermiştir. Tanrı'nın sevgisi ne kadar da yüce, ne kadar da değerlidir! Tanrı bize olan sevgisini, tek ve biricik oğlunu kurban ederek göstermiştir. Bu nedenle 1. Yuhanna 4:16 şöyle yazar, *"Tanrı'nın bize olan sevgisini tanıdık ve buna inandık. Tanrı sevgidir. Sevgide yaşayan Tanrı'da yaşar, Tanrı da onda yaşar."* Yeni Yeruşalim'e girebilmek için kendimizi feda edebileceğimiz, verici olmaktan sevinç duyan Tanrı'nın sevgisini elde etmeliyiz ki, Tanrı'daki yaşantımıza tanıklık eden kanıtları üretebilelim.

Elçi Pavlus'un insanlara duyduğu tutkulu sevgi

Kutsal Kitap'ın önde gelen şahsiyetlerinden biri de, kendini Tanrı'nın egemenliğine adarken tıpkı kırmızı akik gibi tutkulu bir yüreğe sahip olan elçi Pavlus'dur. Rab'le karşılaştığı andan ölümüne dek, Rab'be olan sevgisi hiç değişmedi. Öteki uluslara elçi olduğundan, pek çok insanı kurtardı ve üç misyon seyahatiyle pek çok kilise kurdu. Roma'da şehit düşene dek hiç durmadan İsa Mesih'e tanıklık etti.

Öteki uluslara elçi olduğundan, Pavlus'un yolu zor ve tehlikeliydi. Yaşamını tehdit eden pek çok olaydan geçti ve Yahudilerden gelen bitmez tükenmez zulümlerle karşılaştı. Dövüldü, zindana atıldı ve üç kez deniz kazasına uğradı.

Uykusuz kaldı, sıklıkla aç ve susuzdu, hem soğuk hem de sıcak havaya katlandı. Misyon seyahatleri esnasında pek çok kez bir insanın tahammül etmesinin zor olduğu durumlarla karşılaştı. Buna rağmen Pavlus asla seçiminden pişmanlık duymadı. "Zor ve biraz olsun dinlenmek istiyorum..." gibi anlık düşüncelere asla kapılmadı. Yüreği asla sarsılmadı ve asla hiçbir şeyden korkmadı. Onca zorluktan geçiyor olmasına rağmen birincil endişesi sadece kilise ve inanlılardı.

Tıpkı 2. Korintliler 11:28-29 ayetlerinde dile getirmiş olduğu gibi. *"Öbür sorunların yanı sıra, bütün kiliseler için her gün çektiğim kaygının baskısı var üzerimde. Kim güçsüz olur da ben güçsüz olmam? Kim günaha düşürülür de ben onun için yanmam?"*

Hatta kendi yaşamından bile vazgeçtiği ana dek, insanların kurtuluşu için gösterdiği gayretinde tutku ve şevki ortaya koydu. Onun insanların kurtuluşuna duyduğu arzunun ne denli tutkulu olduğunu Romalılar 9:3'de ayetinde görebiliriz: *"Kardeşlerimin, soydaşlarım olan İsrailliler'in yerine ben kendim lanetlenip Mesih'ten uzaklaştırılmayı dilerdim."*

Burada geçen 'kardeşlerim' kelimesi sadece akrabaları için söylenmiş değildir. Kendisine zulüm eden Yahudiler de olmak üzere tüm İsraillileri kapsar. Onlar eğer kurtuluşa nail olacaksa, seçiminin cehenneme gitmek olduğunu bile söylemiştir. Onun insanların kurtuluşuna olan tutkulu sevgisinin ve şevkinin ne denli büyük olduğunu görebiliriz.

Rab'be olan bu tutkulu sevgi, diğerlerinin kurtuluşu için duyulan şevk ve sabır, akik taşının kırmızı rengiyle temsil edilir.

7. Sarı Yakut: Merhamet

Yeni Yeruşalim'in surlarından yedincisi olan sarı yakut; sarı, yeşil, mavi ve pembe renk veren, bazen tamamen saydam görünen saydam ya da yarı-saydam bir taştır. Ruhani açıdan sarı yakut neyi simgeler? Merhametin ruhani anlamı; hiç anlaşılmayan birini gerçeğe göre anlamak ve hiç bağışlanamayacak birini gerçeğe göre bağışlamaktır. 'Gerçeğe göre' anlamak ve bağışlamak, iyiliğin sevgisiyle anlamak ve bağışlamaktır. Başkalarını sevgiyle kucaklayabileceğimiz merhamet, sarı yakut ile simgeleşen merhamettir.

Bu merhamete sahip olanların önyargısı yoktur. "Şu sebepten dolayı onu, bu sebepten dolayı ötekini sevmiyorum," diye düşünmezler. Hiç kimseden nefret etmezler. Kuşkusuz ki düşmanlık beslemezler.

Her şeye güzel bakmaya ve her şeyi güzel düşünmeye çabalarlar. Herkesi sadece kucaklarlar. Dolayısıyla ölümcül günah işlemiş bir kişiyle yüzleştiklerinde dahi sadece şefkat gösterirler. Günahtan nefret ederler, günahkârdan değil. Aksine o kişiyi anlar ve kucaklarlar. Bu, merhamettir.

İsa ve İstefanos'un ortaya koyduğu merhametin yüreği

İsa, kendisini satacak olan Yahuda İskariot'a merhamet gösterdi. İsa en başından beri Yahuda İskariot'un kendisine ihanet edeceğini biliyordu. Buna rağmen onu dışlamadı ya da ona mesafeli durmadı. Yüreğinde ona karşı nefret beslemedi. İsa, son ana kadar onu sevdi ve yolundan dönmesi için Yahuda'ya şans verdi. Bu, merhametli bir yürektir.

Hatta çarmıha gerildiğinde dahi, İsa hiç kimseden yakınmadı ya da nefret duymadı. Aksine Luka 23:34 ayetinde, *"Baba, onları bağışla; Çünkü ne yaptıklarını bilmiyorlar,"* diyerek, kendisine acı verenler ve yaralayanlar için şefaat duası etti.

İstefanos da böyle merhametliydi. Bir elçi olmamasına rağmen İstefanos lütuf ve güçle doluydu. Kötü insanlar onu kıskandı ve sonunda onu taşlayarak öldürdüler. Fakat taşlanırken bile kendisini öldürenler için dua etti. Elçilerin İşlerin 7:60 ayetinde şöyle yazar: *"Sonra diz çökerek yüksek sesle şöyle dedi: 'Ya Rab, bu günahı onlara yükleme!' Bunu söyledikten sonra gözlerini yaşama kapadı."*

İstefanos'un kendini öldürenler için dua etmiş olduğu gerçeği, onları çoktan bağışladığını kanıtlar. Onlara karşı hiçbir nefret duymadı. Bu, o insanlara şefkat duyan merhametin yetkin meyvesine sahip olduğunu gösterir.

Ailenizin ya da imandaki kardeşlerinizin veya işyerindeki meslektaşlarınızın arasında nefret ettiğiniz ya da hoşlanmadığınız biri varsa veya "Bu davranıştan hoşlanmıyorum. Sürekli bana itiraz ediyor, ondan hoşlanmıyorum," diye düşündüğünüz biri varsa ya da salt hoşlanmıyor ve çeşitli nedenlerle o kişiden uzak duruyorsanız, bu 'merhametten' ne kadar uzaktadır.

Hoşlanmadığımız ya da nefret ettiğimiz biri olmamalıdır. Anlamalı, kabullenmeli ve herkese iyi davranmalıyız. Baba Tanrı, merhametin güzelliğini bize sarı yakut taşıyla gösterir.

Her şeyi kucaklayan merhametli yürek

Öyleyse sevgi ile merhamet arasındaki fark nedir? Ruhani sevgi, kendi çıkar ve menfaatini düşünmeden kendini kurban edebilmek ve karşılığında bir şey istememektir. Merhamet ise, bağışlama ve hoşgörü üzerine yoğunlaşır. Diğer bir deyişle; merhamet, anlaşılmayan ve sevilmeyenleri bile anlayan ve nefret etmeyen yürektir. Merhamet kimseden nefret etmez ya da onları hor görmez, ama onlara güç ve teselli verir. Böyle sıcak bir yüreğiniz varsa, diğerlerinin hata ve yanlışlarını parmakla göstermez, aksine onları kucaklarsınız ki onlarla iyi ilişkiler kurabilesiniz.

Öyleyse kötü insanlara karşı nasıl davranmalıyız? Bir zamanlar bizlerin de kötü olduğunu, ama Tanrı'ya kavuştuğumuzu hatırlamalıyız; çünkü bizi de başka biri sevgi ve bağışlamayla gerçeğin yoluna taşımıştı.

Ayrıca yalan söyleyenlerle karşılaştığımızda sıklıkla kendimizin de Tanrı'ya inanmadan önce çıkarlarımız uğruna yalan söylediğini unuturuz. Bu kişilerden kaçınmak yerine merhametimizi göstermeliyiz ki, onlarda bu kötü işlerden ellerini ayağını çeksinler. Ancak onlara hoşgörü ve sevgiyle öncülük ettiğimizde değişebilir ve gerçeğin yoluna girebilirler. Merhamet, hiçbir önyargı olmadan herkese aynı davranmak, kimseyi gücendirmemek ve ister hoşunuza gitsin ya da gitmesin, her şeyi en iyi şekilde anlamaya çabalamaktır.

8. Beril: Sabır

Yeni Yeruşalim surlarının sekizincisi berilin, mavi veya koyu yeşil rengi vardır ve bize mavi denizi hatırlatır. Ruhani açıdan beril neyi simgeler? Tanrı'nın egemenliği ve doğruluğunu gerçekleştirirken ki sabrı simgeler. Beril zulüm, küfür ve nefret edenlere dahi sevgiyle direnmeyi ve onlara nefret, kavga ve tartışmayla karşılık vermemeyi temsil eder.

Yakup 5:10 şöyle der; *"Kardeşler, Rab'bin adıyla konuşmuş olan peygamberleri sıkıntılarda sabır örneği olarak alın."* Başkalarını onlara karşı sabırlı olduğumuz zaman değiştirebiliriz.

Kutsal Ruh ve ruhani sevginin meyvesi sabır

Galatyalılar 5'de Kutsal Ruh'un dokuz meyvesinden biri ve 1. Korintliler 13'de ise sevginin bir meyvesi olarak sabrı okuruz. Kutsal Ruh'un meyvesi sabır ile sevginin meyvesi sabır arasında bir fark var mıdır?

Sevgide sabır, size hakaret edenler olduğunda veya yaşamınızda yüzleştiğiniz çeşitli zorluklarda ve her türlü kişisel mücadelede katlanılması gereken sabırdır. Kutsal Ruh'un meyvesi olan sabır ise gerçekte sabır ve Tanrı'nın huzurundaki her şeyde sabırdır.

Bu sebeple, Kutsal Ruh'un meyvesi olarak sabrın daha geniş bir anlamı vardır. Kişisel meselelerde ki sabır yanı sıra, Tanrı'nın egemenliği ve doğruluğuyla ilgili meseleleri de içine alır.

Gerçeğe göre sabrın farklı çeşitleri

Tanrı'nın egemenliği ve doğruluğunu yerine getirirken ki

sabır üçe ayrılır.

İlki Tanrı'yla bizim aramızdaki sabırdır. Tanrı'nın vaadi gerçekleşene dek sabırlı olmalıyız. Baba Tanrı sadıktır. Bir kez bir şeyi söylerse kesinlikle hiç iptal etmeden yapar. Tanrı'dan bir vaat aldıysak, o gerçekleşene dek sabırlı olmalıyız.

Ayrıca Tanrı'dan bir şey dilemiş isek, yanıtı alana dek sabırlı olmalıyız. Bazı inanlılar şöyle söylerler: "Tüm gece dua ediyor ve hatta oruç tutuyorum, ama hala bir yanıt yok." Bu tıpkı toprağa tohum eken ve hemen ürün verilmedi diye toprağı kazan çiftçiye benzer. Eğer tohum ektiysek filizlenene, önce çiçek ve sonra meyve verene dek sabırlı olmalıyız.

Çiftçi otları temizler ve ürünleri zararlı böceklerden korur. İyi ürün almak için kan ter içinde çok iş yapar. Dualarımıza yanıt almak için yapmamız gereken benzer şeyler vardır. Yedi Ruh'un—iman, sevinç, dua, şükran, çalışkan sadakat, buyrukları tutma ve sevgi— ölçüsüne göre uygun olmalıyız.

Tanrı, imanımız için ölçülere göre istenileni yerine getirirsek bizi derhal yanıtlar. Tanrı ile sabırla geçen zamanın, mükemmel bir yanıtı almak için geçen zaman olduğunu anlamalı ve daha fazla sevinip şükran duymalıyız.

İkincisi; insanlar arasındaki sabırdır. Ruhani sevginin sabrı, bu çeşit bir sabırdır. Her çeşit insanı ilişkide bir kişiyi sevmek için sabra ihtiyacımız vardır.

Her çeşit insana inanmak, ona katlanmak ve gönenç içinde olmasını umut etmek için sabra ihtiyacımız vardır. Beklentimizin tam aksi bir şeyi yapmış olsa bile, her şeyde sabırlı olmalıyız. Anlamalı, kabul etmeli, bağışlamalı, uyum sağlamalı ve sabırlı olmalıyız.

İnsanlara İncil'in mesajını yaymaya çalışanların, küfür ve zulüm gibi bazı tecrübelerden geçmeleri muhtemeldir. Fakat eğer yürekten sabır gösteriyorlarsa, o insanları gülümseyen yüzlerle yeniden ziyaret ederler. Onları kurtaracak sevgiyle sevinir, şükranlarını sunar ve asla vazgeçmezler. İncil'in mesajı öğretilen bir kişiye iyilik ve sevgiyle bu tür bir sabır gösterdiklerinde, o ışıkla karanlık o kişiden ayrılır ve kişi yüreğini açabilir, mesajı kabul edebilir ve kurtuluşu alabilir.

Üçüncüsü; yüreği değiştirmek için olan sabırdır.

Yüreğimizi değiştirmek için yüreklerimizden gerçeğe ait olmayan şeyleri ve kötülüğü çekmeli, onların yerine gerçeği ve iyiliği ekmeliyiz. Yüreğimizi değiştirmek, bir tarlayı temizlemeye benzer. Taşları kaldırmalı, otları ayıklamalıyız. Bazen ise toprağı sürmeliyiz. O zaman orası iyi bir toprak olur ve her ne ekersek ekelim ektiğimiz yetişip ürün verir.

İnsanın yüreği de böyledir. Yüreğimizde kötülüğü bulduğumuz ve onu söküp attığımız oranda yüreğin iyi tarlalarına sahip olabiliriz. O zaman Tanrı'nın Sözü ekildiğinde yeşerir, güzelce gelişir ve meyve verir. Nasıl ki bir tarlayı temizlemek için ter dökmek ve çok çalışmalıysak, yüreklerimizi değiştirirken de aynısını yapmalıyız. Tüm gücümüz ve yüreğimizle dualarımızda içtenlikle yakarmalıyız. O zaman verimsiz toprak misali benliğin yüreğini sürecek Kutsal Ruh'un gücünü alabiliriz.

Bu süreç düşünüldüğü kadar kolay değildir. Bu sebeple, bazı insanlara ağır gelir, cesaretlerini kaybeder ya da yılgınlığa düşerler. Dolayısıyla sabra ihtiyacımız vardır. Değişimimiz yavaş gibi görünse dahi asla hayal kırıklığına uğramamalı ya da vazgeçmemeliyiz. Bizim için çarmıhta ölen Rab'bin sevgisini hatırlamalı, yeniden güçlenmeli ve yüreğin tarlasını yetiştirmeye devam etmeliyiz. Ayrıca yüreğimizi tamamıyla yetiştirdiğimiz zaman Tanrı'nın bize vereceği sevgiye ve kutsamalara yüzümüzü çevirmeliyiz. Çok daha büyük şükranla çalışmaya da devam etmeliyiz.

Eğer içimizde hiçbir kötülük yoksa 'sabır' terimi gerekli değildir. Eğer sadece sevgi, bağışlama ve anlayış bizde varsa, 'sabır' için yer yoktur. Dolayısıyla Tanrı; 'sabır' kelimesine gerek duyulmayan sabrı bizden ister. Aslında bizzat kendisi iyilik ve sevgi olan Tanrı'nın sabırlı olmaya ihtiyacı yoktur. Buna rağmen 'sabır' kavramını anlamamıza yardımcı olmak için bize 'sabrettiğini' söyler. Her koşul altında sabırlı olmak için ne kadar çok özelliğe sahip isek, Tanrı'nın nazarında yüreklerimizde de o kadar çok kötülük vardır.

Sabrın yetkin meyvesini başarıp sabırlı olmamızı gerektirecek hiçbir şey olmadığında mutlu olacak, oradan-buradan sadece iyi haberler duyacak ve sanki bulutlar üzerinde yürüyormuşuz gibi yüreklerimizde çok hafif hissedeceğiz.

9. Topaz: İyilik

Yeni Yeruşalim surlarının dokuzuncusu olan topaz saydam, harmanlanmış, kırmızımsı turuncu renkte bir taştır. Topazın simgelediği ruhani yürek, ruhani iyiliktir. İyilik nazik, yardımcı ve dürüst olma niteliğidir. Fakat iyiliğin ruhani anlamı daha derin anlamlar taşır.

Kutsal Ruh'un dokuz meyvesi arasında iyilikte bulunur ve topazın iyiliğiyle aynı anlamı taşır. İyiliğin ruhani anlamı, Kutsal Ruh'ta iyiliği aramaktır.

Her insanın doğru ile yanlışı ya da iyiyle kötüyü ayırmak için kendi standart hükmü vardır. Buna 'vicdan' denir. Vicdan kavramı değişik zamanlarla, ülkelerle ve insanlarla farklılık gösterir. Ruhani iyiliğin büyüklüğünü ölçecek standart tektir: Gerçek olan Tanrı'nın Sözü. Bu sebeple, kendi perspektifimize göre iyiliği aramak ruhani iyilik değildir. Tanrı'nın nazarındaki iyiliği aramak ruhani iyiliktir.

Matta 12:35 ayeti şöyle der: *"İyi insan içindeki iyilik hazinesinden iyilik çıkarır."* Aynı şekilde; kendilerinde ruhani iyilik olanlar doğal olarak iyilik çıkarır. Her nereye giderlerse gitsinler ve her kimle karşılaşırlarsa karşılaşsınlar, onlardan iyi sözler ve iyi eylemler gelir.

Nasıl ki parfüm sıkanlardan hoş bir koku geliyorsa, iyilik sahibi olanlardan da iyiliğin hoş kokusu gelecektir. Yani Mesih'in iyiliğinin hoş kokusunu vereceklerdir. Dolayısıyla salt yürekte iyiliği izlemeye iyilik denmez. İyiliği izleyen yüreğe sahipsek, doğal olarak iyi söz ve eylemlerle Mesih'in hoş kokusunu veririz. Bu şekilde çevremizdeki insanlara ahlaki erdemi ve sevgiyi göstermeliyiz.

Ruhani iyiliği ölçen standart

Tanrı'nın kendisi iyidir ve iyilik, Tanrı'nın Sözü olan Kutsal Kitap'ın her yerinde mevcuttur. Kutsal Kitap'ta ayrıca ruhani iyiliğin renkleri olan topaz renklerini veren ayetler vardır.

İlki Filipililer 2:1-4 ayetlerinde bulunur: *"Böylece Mesih'ten gelen bir cesaret, sevgiden doğan bir teselli ve Ruh'la bir paydaşlık varsa, yürekten bir sevgi ve sevecenlik varsa, aynı düşüncede, sevgide, ruhta ve amaçta birleşerek sevincimi tamamlayın. Hiçbir şeyi bencil tutkularla ya da boş övünmeyle yapmayın. Her biriniz alçakgönüllülükle öbürünü kendinden üstün saysın. Yalnız kendi yararını değil, başkalarının yararını da gözetsin."*

Eğer Rab'bin iyiliğini arıyorsak, düşünce ve karakterimize göre bir şey doğru görünmese bile başkalarıyla birleşir ve onların fikirlerini kabul ederiz. Hiçbir şeyde kavgaya tutuşmayız. Kendimizle övünmek ya da başkalarınca yükseltilmek arzusunda olmayız. Sadece alçakgönüllü yüreklerle ve yürekten başkalarını bizden daha iyi sayarız. İşlerimizi sadakatle ve sorumluluk içinde yaparız. Hatta başkalarına işlerinde yardımcı oluruz.

Luka 10:25-37 ayetlerindeki iyi Samiriyeli benzetmesinden nasıl bir kişinin yürekten iyi olduğunu kolaylıkla görebiliriz.

Adamın biri Yeruşalim'den Eriha'ya inerken haydutların eline düştü. Onu soyup dövdüler, yarı ölü bırakıp gittiler. Bir rastlantı olarak o yoldan bir kâhin geçiyordu. Adamı görünce yolun öbür yanından geçip gitti. Bir Levili de oraya varıp adamı görünce aynı şekilde geçip gitti. O yoldan geçen bir Samiriyeli ise adamın bulunduğu yere gelip onu görünce, yüreği sızladı. Adamın yanına gitti, yaralarının üzerine yağla şarap dökerek sardı. Sonra adamı kendi hayvanına bindirip hana götürdü, onunla ilgilendi Ertesi gün iki dinar çıkararak hancıya verdi. 'Ona iyi bak' dedi, 'Bundan fazla ne harcarsan, dönüşümde sana öderim.' Sence bu üç kişiden hangisi haydutlar arasına düşen adama komşu gibi davrandı? Yasa uzmanı, "Ona acıyıp yardım eden" dedi. İsa, "Git, sen de öyle yap" dedi. (Luka 10:30-36).

Öyleyse kâhin, Levili ve Samiriyeli arasındaki gerçek komşu ve sevgi insanı kimdir? Soyulan adamın gerçek komşusu Samiriyeli'dir; çünkü öteki ulusun bir ferdi sayılmasına rağmen doğru yolu seçmesini sağlayan yüreğinde iyilik vardı.

Bu Samiriyeli bir bilgi olarak muhtemelen Tanrı'nın Sözünü pekiyi bilmiyordu. Fakat onun, iyiliğin peşi sıra giden bir yüreğe sahip olduğunu görebiliriz. Yani Tanrı'nın nazarındaki iyiliği izleyen ruhani iyiliğe sahipti. Kendi zaman ve paramızı harcamak zorunda olsak bile, Tanrı'nın nazarında ki iyiliği seçmeliyiz. Bu, ruhani iyiliktir.

İsa'nın iyiliği

İyiliğin ışığını daha parlak yayan bir diğer İncil ayeti ise Matta 12:19-20 ayetlerinde bulunur. Bu ayetler, İsa'nın iyiliğiyle ilgilidir. Şöyle der:

Çekişip bağırmayacak, Sokaklarda kimse O'nun sesini duymayacak. Ezilmiş kamışı kırmayacak, Tüten fitili söndürmeyecek Ve sonunda adaleti zafere ulaştıracak.

"Sonunda adaleti zafere ulaştıracak" sözü; tüm çarmıha gerilme ve dirilme süreci esnasında, kurtuluşun görkemini bizlere verirken, İsa'nın sadece iyi bir yürekle hareket ettiğini vurgular.
İsa, ruhani iyiliğe sahip olduğundan asla kimseye ne gücendi ne de kimseyle çekişti. Acımasız ve kabul edilemez durumlarla karşılaştığında bile, her şeyi ruhani iyiliğin ve gerçeğin sözünün hikmetiyle kabullendi. Dahası, kendisini öldürmek isteyenlere ne karşı koydu ne de masumiyetini açıklamaya ve kanıtlamaya yeltendi. Her şeyi Tanrı'nın hikmetine ve ruhani iyilikte mevcut gerçeğin ellerine bıraktı

Ruhani iyilik, "ezilmiş kamışı kırmayan, tüten fitili söndürmeyen" yürektir. Bu açıklama, iyiliğin dayanak noktalarını içerir.
İyilik sahibi olanlar kimseyle çekişip bağırmaz. Ayrıca iyilikleri dış görüntülerine de yansır. "Sokaklarda kimse O'nun sesini duymayacak," dendiği gibi, iyilik sahibi olanlar dıştan da iyilik ve alçakgönüllülük gösterirler. Yürüyüşünde, el-kol hareketleri ve dilinde İsa'nın davranışları ne kadar kusursuz ve yetkindi! Özdeyişler 22:11 ayeti şöyle der: *"Yürek temizliğini ve güzel sözleri seven, Kralın dostluğunu kazanır."*
İlk olarak; 'ezilmiş kamış', bu dünyanın pek çok eziyetini çekmiş ve yürekleri kırılmış insanlarını temsil eder. Yoksul yürekleriyle Tanrı'nın peşinden gitseler dahi Tanrı yüzünü onlara dönmez, onları kabul eder. Tanrı'nın ve İsa'nın bu yüreği, iyiliğin en yüksek halidir.
İkincisi; tüten fitili söndürmeyen yürekte aynıdır. Eğer

tüten fitil sönüyorsa, ateşi ölmektedir, ama geriye cılız bir alev kalmıştır. Bu bakımdan; 'sönmekte olan tüten bir fitil', ruhunun ışığı 'sönmekte' olan kötülükle bolca lekelenmiş bir kişidir. Azıcık dahi olsa kurtuluşu alması muhtemel böyle bir kişiden bile vazgeçmemeliyiz. Bu, iyiliktir.

Rab'bimiz; günah içinde yaşayan ve Tanrı'ya karşı olan bu insanlardan bile vazgeçmez. Kurtuluşa ulaşmaları için yüreklerinin kapısını yine de çalar. Rab'bimizin bu yüreği iyiliğin yüreğidir.

İmanda ezilmiş kamış ve sönmekte olan tüten fitil misali insanlar vardır. Kıt imanları yüzünden akılları çelindiği zaman bazıları kiliseye geri dönecek gücü kendilerinde bulamazlar. Belki de henüz söküp atamadıkları benliğin şeyleri yüzünden diğer kilise üyelerine zarar vermiş olabilirler. Bundan dolayı çok üzgün ve utanç içinde olduklarından, kendilerini kiliseye geri dönebilecek gibi hissetmezler.

Bu sebeple onlara önce biz gitmeliyiz. Ellerimizi onlara uzatmalı ve ellerini tutmalıyız. Bu, iyiliktir. Ayrıca önce imanda birinci olup sonra ruhun gerisine düşenler vardır. Onların bazıları da 'ezilen kamış' gibidir.

Bazıları diğerleri tarafından sevilmek ve kabul görmek ister, ama bu olmaz. Bu yüzden kalpleri kırılır ve içlerindeki kötülük su yüzüne çıkar. Ruhta kendilerinin önünde olanları kıskanıyor olabilirler ve hatta onları karalayabilirler. Bu, duman yayan sönmekte olan fitile benzer.

Eğer gerçek iyiliğe sahipsek, bu insanları da anlayabilir ve onları kabul edebiliriz. Eğer iyiyle kötünün ne olduğunu tartışmaya çalışır ve diğer insanları buna boyun eğdirmeye çalışırsak, buna iyilik denemez. Onlara, hatta kötülüklerini ortaya koyanlara bile gerçekle ve sevgiyle muamele etmeliyiz. Onların yüreklerini yumuşatmalı ve etkilemeliyiz. Bunu yapmamız, iyilik içinde hareket etmektir.

10. Sarıca Zümrüt: Özdenetim

Sarıca zümrüt, Yeni Yeruşalim'in surlarından onuncusu ve kalseduanlar arasında en pahalı olanıdır. Yarı-saydam, koyu yeşil bir rengi vardır ve eski zamanlarda Koreli bayanların çok değerli bulup kullandığı değerli taşlardan da biridir. Onlara göre bu taş, kadınların iffet ve saflığını simgeliyordu.

Ruhani açıdan sarıca zümrüt neyi simgeler? Özdenetimi simgeler. Tanrı'nın verdiği her şeyde bolluk olması iyi bir şeydir, ama her şeyi güzel kılan özdenetim de olmalıdır. Özdenetim ayrıca Kutsal Ruh'un dokuz meyvesinden biridir.

Mükemmelliği başarmak için özdenetim

Titus 1:7-9 ayetleri, Tanrı evinin kâhyası olan gözetmenin sahip olması gereken nitelikleri bizlere anlatır ve bunlardan biri olarak özdenetimi gösterir. Eğer özdenetimi olmayan biri gözetmen olursa, kontrolsüz yaşantısında neyi başarabilir?

Rab için ve Rab'de her neyi yapıyorsak, doğru ile doğru olmayanı birbirinden ayırmalı ve özdenetimle Kutsal Ruh'un isteğini izlemeliyiz. Eğer Kutsal Ruh'un sesini duyabiliyorsak, özdenetim sahibi olduğumuz için her şeyde gönenç içinde oluruz. Eğer özdenetim sahibi değilsek, işler yanlış yola sapabilir ve hatta gerek doğal gerekse insan eli felaketler, hastalıklar ve bunun gibi şeylerle yüzleşebiliriz.

Dolayısıyla özdenetimin meyvesi çok önemlidir ve mükemmeliyeti başarmakta elzemdir. Sevginin meyvesini ne kadar çok verirsek o kadar çok sevincin, huzurun, sabrın, sevecenliğin, iyiliğin, sadakatin ve iyi huyun meyvesini veririz. Ve bu meyveler özdenimle tamamlanmış olur.

Özdenetim, bedenin anüsüyle mukayese edilebilir. Küçük olsa da bedenimizde önemli bir işlevi vardır. Ya kasılma gücünü kaybetmiş olsaydı? Dışkılar kontrol edilemez ve bizlerde kirli ve yakışıksız bir halde olurduk.

Benzer şekilde; eğer özdenetimimizi kaybedersek, her şey karmakarışık bir hale dönebilir. İnsanlar ruhani bakımdan kendilerini kontrol edemedikleri için gerçeğe aykırı hayat sürerler. Bu yüzden sınamalarla yüzleşir ve Tanrı tarafından sevilmezler.

Eğer fiziksel açıdan kendimizi kontrol edemezsek, doğruluk ve adalet dışı şeyler yapıyoruzdur; çünkü dilediğimiz gibi yiyerek ve sarhoş olarak hayatlarımızı düzensiz bir hale sokarız.

Vaftizci Yahya

Özdenetimin iyi bir örneği, İncil şahsiyetlerinin arasında yer alan Vaftizci Yahya'dır.

Vaftizci Yahya, bu dünyaya neden geldiğini gayet iyi biliyordu. Gerçek ışık olan İsa'nın yolunu hazırlaması gerektiğini biliyordu. Dolayısıyla, bu görevi yerine getirene dek bu dünyadan tamamen münzevi bir hayat sürdü. Çöldeyken kendini sadece dua ve Söz ile donattı. Sadece çekirge ve yaban balı yedi. Oldukça münzevi ve kontrollü bir yaşam sürüyordu. Bu çeşit bir hayat sürerek Rab'bin yolunu hazırlamaya ve onu bütünüyle tamamlamaya hazır oldu. Matta 11:11 ayetlerinde İsa onunla ilgili şunları söylemiştir: *"Size doğrusunu söyleyeyim, kadından doğanlar arasında Vaftizci Yahya'dan daha üstün biri çıkmamıştır."*

Eğer biri, 'Ah, şimdi ben dağların derinliklerine ya da tecrit edilmiş bir yere gidecek ve orada özdenetimli bir yaşam süreceğim,' diye düşünüyorsa; bu, o kişinin özdenetim sahibi olmadığını, Tanrı'nın sözlerini kendine göre yorumladığını ve çok fazla düşündüğünü kanıtlar. Yüreğinizi Kutsal Ruh'ta kontrol etmeniz önemlidir. Eğer henüz ruhun seviyesine ulaşmadıysanız, benliğin arzularını kontrol etmeli ve sadece Kutsal Ruh'un arzuları peşi sıra gitmelisiniz. Ayrıca ruhu başardıktan sonra bile, bir bütün olarak mükemmel ahenge sahip olmak için, ruhani yüreklerin her birinin kuvvet ve büyüklüğünü kontrol etmelisiniz. Bu özdenetim, sarıca zümrüdün ışığıyla gösterilir.

11. Gökyakut: Saflık ve Kutsallık

Yeni Yeruşalim surlarının on iki temelinden on birincisi olan gökyakut, saydam ve mavimsi rengi olan değerli bir taştır ve ruhani açıdan temizliği ve kutsallığı simgeler.

Burada geçen "temizlik" günahsız, her türlü leke ve kusurdan muaf olmaktır. Eğer bir kişi günde birkaç kez duş alıyor, saçlarını tarıyor ve temiz giysiler giyiyorsa, insanlar o kişinin temiz ve derli toplu olduğunu söylerler. Peki, Tanrı'da onun temiz olduğunu söyler mi? Öyleyse yüreği temiz olan kişi kimdir ve temiz bir yüreği nasıl başarabiliriz?

Tanrı'nın nazarında temiz bir yürek

Ferisiler ve din bilginleri, ataların törelerine uygun olarak yemek yemeden önce ellerini yıkarlardı. Ve İsa'nın öğrencileri bunu yapmadığından, O'nu suçlamak için bir soru yönelttiler. Matta 15:2 ayeti şöyle der: *"Öğrencilerin neden atalarımızın töresini çiğniyor? Yemekten önce ellerini yıkamıyorlar."* İsa, temizliğin gerçekten ne olduğunu onlara öğretti. Matta 15:19-20 ayetlerinde şöyle der: *"Çünkü kötü düşünceler, cinayet, zina, fuhuş, hırsızlık, yalan yere tanıklık ve iftira hep yürekten kaynaklanır. İnsanı kirleten bunlardır. Yıkanmamış ellerle yemek yemek insanı kirletmez."*

Tanrı'nın nazarında temizlik, yürekte hiçbir günahın olmamasıdır. Temizlik, içinde hiçbir suç, leke ya da kusur olmayan temiz bir yüreğe sahip olmaktır. Ellerimizi ve bedenimizi suyla yıkayabiliriz, ama yüreklerimizi nasıl temiz kılabiliriz?

Onu da suyla temizleyebiliriz. Tanrı'nın Sözü olan ruhani suyla yıkayarak onu temiz kılabiliriz. İbraniler 10:22 ayeti şöyle der: *"Öyleyse yüreklerimiz serpmeyle kötü vicdandan arınmış, bedenlerimiz temiz suyla yıkanmış olarak, imanın verdiği tam güvenceyle, yürekten bir içtenlikle Tanrı'ya yaklaşalım."* Tanrı'nın Sözüne uygun hareket ettiğimiz ölçüde temiz ve gerçek yüreklere sahip olabiliriz.

Kutsal Kitap'ın söküp atmamızı ve yapmamamızı söylediği her şeye itaat ettiğimizde, gerçeğe ait olmayan şeyler ve kötülük yüreklerimizden temizlenir. Ve Kutsal Kitap'ın yapmamızı ve tutmamızı buyurduğu her şeye itaat ettiğimizde, sürekli tedarik

On iki Temelin Önemi

edilen temiz suyla bu dünyanın günahları ve kötülüğüyle lekelenmekten kaçınabiliriz. Bu şekilde yüreklerimizi temiz tutabiliriz.

Matta 5:8 ayeti şöyle der: *"Ne mutlu yüreği temiz olanlara! Çünkü onlar Tanrı'yı görecekler."* Tanrı, temiz yürekli olanların alacağı kutsamaları bizlere söylemiştir. Onlar Tanrı'yı göreceklerdir. Yürekleri temiz olanlar, göksel egemenlikte Tanrı'yı yüz yüze göreceklerdir. En azından göğün üçüncü katına ve hatta Yeni Yeruşalim'e bile girebilirler.

Fakat 'Tanrı'yı görmenin' gerçek anlamı sadece Tanrı'yı görmek değildir. Her zaman O'nunla birlikte olup yardımını alacağımız anlamına gelir. Yeryüzünde dahi Tanrı'yla birlikte yürüdüğümüz bir yaşam sürdürdüğümüz anlamına gelir.

Temiz yüreği başaran Hanok

Yaradılış kitabının beşinci bölümü, temiz yüreği yetiştiren ve yeryüzünde Tanrı'yla birlikte yürüyen Hanok'u anlatır. Yaratılış 5:21-24 ayetlerinde; 65 yaşında oğlu Metuşelah'ın doğmasından itibaren Hanok'un tam üç yüz yıl Tanrı yolunda yürüdüğünü okuruz. Ve 24. ayette yazılmış olduğu gibi, *"Tanrı yolunda yürüdü, sonra ortadan kayboldu; çünkü Tanrı onu yanına almıştı."* Göksel egemenliğe canlı alındı.

İbraniler 11:5 ayeti; Hanok'un ölümü tatmadan Göksel Egemenliğe alınmasının nedenini şöyle anlatır: *"İman sayesinde Hanok ölümü tatmamak üzere yukarı alındı. Kimse onu bulamadı, çünkü Tanrı onu yukarı almıştı. Yukarı alınmadan*

önce Tanrı'yı hoşnut eden biri olduğuna tanıklık edildi."
Hanok, hiçbir günahın olmadığı, hatta ölümü bile göremeyecek kadar böylesi temiz bir yüreği yetiştirerek Tanrı'yı hoşnut etti. Ve sonunda canlı olarak göğe alındı. Göğe alındığında 365 yaşındaydı, ama o zamanlar insanlar, 900 yıldan fazla yaşayabiliyorlardı. Diğer bir deyişle; Tanrı, gençliğinin baharında olduğu bir vakit Hanok'u yanına almıştır.

Çünkü Hanok Tanrı'nın gözünde çok hoş bir insandı. Tanrı, yeryüzünde tutmak yerine, onu göksel egemenlikte kendine yakın bir yere koymayı istedi. Tanrı'nın temiz yürekli insanları ne kadar sevdiğini ve onlardan ne kadar sevinç duyduğunu net bir şekilde görebiliriz.

Fakat Hanok bile bir gecede kutsallaşmadı. Ayrıca 65 yaşına gelene dek çeşitli sınamalardan geçti. Yaratılış 5:19 ayetinde; Hanok'un babası Yeret'in Hanok'un doğumundan sonra 800 yıl daha yaşadığını görebiliriz. Dolayısıyla, Hanok'un pek çok kız ve erkek kardeşi olduğunu anlayabiliriz.

Derin dualarım esnasında; Tanrı, Hanok'un hiçbir kardeşiyle hiçbir surette bir sorun yaşamadığını bilmemi sağladı. Kardeşlerinden daha fazlasını asla istemedi. Onlara her daim öncülük tanıdı. Hiçbir zaman kız ve erkek kardeşlerinden daha fazla onay görmeyi istemedi ve sadece elinden gelenin en iyisini yaptı. Hatta bazı erkek kardeşleri kendisinden daha fazla sevildiğinde, hiçbir rahatsızlık duymadı. Bu da onun kıskanç olmadığını gösterir.

Ayrıca Hanok, itaatkâr bir insandı. Sadece Tanrı'nın Sözünü dinlemekle kalmadı, ama ayrıca ebeveynlerinin sözünü de

On İki Temelin Önemi

dinledi. Asla kendi fikri üzerinde ısrarcı olmadı. Hiçbir ben-merkezli arzuları olmadı ve hiçbir şeyi kişisel almadı. Herkesle barış içinde yaşadı.

Hanok, Tanrı'yı görebileceği temiz yüreği yetiştirdi. 65 yaşına geldiği zaman Tanrı'yı hoşnut eden seviyeye ulaştı ve artık O'nunla yürüyebiliyordu.

Fakat Tanrı'yla yürüyebilmesinin daha önemli bir nedeni vardır; çünkü Hanok, Tanrı'yı ve Tanrı'yla iletişim içinde olmayı çok sevdi. Kuşkusuz gözlerini bu dünyanın şeylerine sabitlemedi ve Tanrı'yı bu dünyadaki her şeyden daha çok sevdi.

Hanok, ebeveynlerini sevdi ve onlara itaat etti. Tüm kardeşleriyle arasında huzur ve sevgi vardı. Fakat en sevdiği, Tanrı oldu. Aile fertleriyle olmaktan çok yalnız olmaktan ve Tanrı'ya hamt etmekten zevk aldı. Göğü ve doğayı seyrederken Tanrı'yı özledi ve Tanrı'yla olan iletişimden keyif aldı.

Tanrı'nın onunla yürümesinden önce bile durum buydu ve Tanrı'nın onunla yürümesinden sonra bu daha da arttı. Özdeyişler 8:17 ayetinde, *"Beni sevenleri ben de severim, Gayretle arayan beni bulur,"* yazmış olduğu gibi; Hanok, Tanrı'yı çok sevdi ve O'nu çok özledi ve Tanrı, onunla yürüdü.

Tanrı'yı ne kadar çok seversek, yüreklerimiz de o kadar temizlenir. Ve yüreklerimiz ne kadar temizlenirse, Tanrı'yı da o kadar çok sever ve O'nun yolunda gideriz. Temiz yürekli olan insanlarla konuşmak ve etkileşim içinde olmak huzur vericidir. Onlar her şeyi güzellikle kabullenir ve başkalarına inanırlar.

Kim küçük bebeklerin ışıltılı gülüşleri karşısında kendini kötü hissedip somurtabilir? İnsanları çoğu bebekleri gördüklerinde iyi hisseder ve onlara gülümserler. Çünkü bebeklerin saflığı insanlara geçer ve onların yüreklerini tazeler.

Baba Tanrı'da temiz yürekli bir insan gördüğünde aynı hisseder. Ve böyle insanları daha fazla görmeyi ve onlarla birlikte kalmayı ister.

12. Ametist: Güzellik ve Yumuşak Huyluluk

Yeni Yeruşalim surlarının on ikinci ve sonuncu temeli olan ametistin rengi açık menekşedir ve saydamdır. Ametistin rengi öylesine zarif ve güzeldir ki, ta antik çağdan bu yana soyluların sevdiği bir renk olmuştur.

Tanrı'da ametistin simgelediği ruhani yüreği güzel sayar. Ametistin simgelediği ruhani yürek yumuşak huyluluktur. Yumuşak huyluluk, Gerçek Mutluluk[1] adıyla geçen Sevgi bölümünde Kutsal Ruh'un dokuz meyvesinden biridir. Bu meyve, Kutsal Ruh aracılığıyla ruhu doğuran ve Tanrı'nın Sözüne göre yaşayan insanda kendini kesinlikle gösterir.

Tanrı tarafından güzel sayılan yumuşak huylu yürek

Yumuşak huyluluğun sözlük anlamı; iyi yüreklilik, ılımlılık, uysallık ve sakin olabilmektir. Fakat Tanrı'nın güzel saydığı yumuşak huyluluk sadece bu özelliklerden ibaret değildir.

Benliğe göre yumuşak huylu insanlar nedense yumuşak

---

[1] Matta 5:3-12

olmayan insanların yanında kendilerini rahat hissetmezler. Oldukça sosyal ya da güçlü karakterli birini gördüklerinde bir şekilde temkinli olur ve hatta böyle biriyle etkileşim içinde olmakta zorlanırlar. Fakat ruhani açıdan yumuşak huylu insanlar, her türlü karakterde insanı kabullenebilirler. İşte benliğin yumuşak huyluluğuyla ruhani yumuşak huyluluk arasındaki farklardan biri budur.

Öyleyse ruhani yumuşak huyluluk nedir ve Tanrı neden onu güzel sayar? Ruhani açıdan yumuşak huylu olmak, herkesi kabullenecek geniş bir yürekle beraber ılımlı ve sıcak bir karaktere sahip olmaktır. Herkesin o kişinin yanında huzur bulduğu, pamuk misali yumuşak ve sıcacık bir yüreğe sahip insandır. Ayrıca her şeyi iyilik içerisinde anlayan ve her şeyi sevgiyle kabullenip kucaklayan kişidir.

Ruhani yumuşak huylulukta eksik olamayacak bir şey vardır. Ve o da, geniş bir yüreğe sahip olmanın getirdiği erdemli karakterdir. Eğer sadece kendimiz için sıcak ve yumuşak bir yüreğe sahip isek; bu, hiçbir şey ifade etmez. Bazen gerektiğinde, iyiliğin ve sevginin eylemlerini göstererek başkalarına cesaret ve tavsiye verebilmeliyiz. Erdemli karakter ortaya koymak, başkalarını güçlendirmek, onların sıcaklığı ve yanınızda rahat hissetmesini sağlamaktır.

Ruhani açıdan yumuşak huylu bir insan

Gerçekte ruhani yumuşak huyluluğa sahip insanların hiç kimseye karşı önyargısı yoktur. Dolayısıyla hiçbir sorun yaşamaz

99

ve hiç kimseyle araları bozulmaz. Diğeri de bu sıcak yüreği hisseder ve sıcacık kucaklandığı hissiyle huzur ve rahatlık bulur. Bu ruhani yumuşak huyluluk, sıcak bir yaz günü dev ve serin bir gölge sağlayan büyük bir ağaç gibidir.

Eğer bir koca tüm aile fertlerin geniş bir yürekle kabullenip kucaklarsa, eşi ona saygı duyar ve onu sever. Eğer karısının pamuk gibi yumuşak bir yüreği varsa, kocasına huzur verir ve esenliği tesis eder. Böylece mutlu bir çift olabilirler. Ayrıca böyle bir ailede büyüyen çocuklar zorluklarla karşılaşsalar bile harcanıp gitmezler. Ailevi huzurla güçlenmiş olduklarından, zorlukları aşabilir, doğru ve sağlıklı bir şekilde büyüyebilirler.

Benzer şekilde; bu ruhani yumuşak huyluluğu yetiştirenlerin vesilesiyle çevrelerindeki insanlar da huzur ve mutluluk duyar. O zaman Baba Tanrı, ruhani açıdan yumuşak huylu olanların güzel olduğunu söyleyecektir.

Diğerlerinin kalbini kazanmak için insanlar bu dünyada çeşitli yollara başvururlar. Onlara maddi şeyler verirler ya da sosyal anlamda ün ve yetkinliklerini kullanırlar. Fakat benliğin yollarına başvuranlar, başkalarının kalbini gerçek anlamda kazanamaz. Kendi ihtiyaçları için o anlığına bize yardım edebilirler, ama bunu yürekten yapmadıkları için durumlar değiştiğinde onlarda fikirlerini değiştirirler.

Fakat insanlar, ruhani yumuşak huyluluğa sahip birinin çevresinde doğal olarak bir araya gelir. Yürekten ve arzu ederek o kişinin yanında olurlar. Çünkü ruhani yumuşak huyluluğa sahip birinin aracılığıyla güçlenebilir ve dünyada hissetmedikleri rahatlığı hissedebilirler. Dolayısıyla pek çok insan, ruhani yumuşak huyluluğa sahip insanla kalır. Bu, ruhani yetkinliğe dönüşür.

Matta 5:5 ayeti, bu kişilerin yeryüzünü miras alacaklarını söyleyerek, pek çok insanı kazanan bu kutsamadan bahseder. Yani bu, topraktan yaratılmış insanın kalbini kazanacakları anlamına gelir. Bunun sonucunda ise ebedi göksel egemenlikte büyük bir toprağa sahip olacaklardır. Pek çok insanı kucakladıkları ve onları gerçeğe yönlendirdikleri için oldukça çok ödül alacaklardır.

İşte bu sebeple Tanrı, Çölde Sayım 12:3 ayetlerinde Musa hakkında şöyle demiştir: *"Musa yeryüzünde yaşayan herkesten daha alçakgönüllüydü."* Musa, Mısır'dan Çıkış'ın önderliğini yaptı. 2 milyondan fazla insanın önderiydi ve tam 40 yıl çölde onlara önderlik etti. Tıpkı çocuklarını yetiştiren ebeveynler gibi onları yürekten kucakladı ve Tanrı'nın istemine göre onlara rehberlik etti.

Çocukları büyük günahlar işlediğinde dahi ebeveynler onları terk etmez. Benzer şekilde Musa'da, Yasa'ya göre terk edilmekten başka geriye çare bırakmayanları bile sahiplendi ve son ana kadar Tanrı'dan onları bağışlamalarını dileyerek onlara rehberlik etti.

Kilisede ufak bir göreviniz olduğunda dahi bu yumuşak huyluluğun ne kadar iyi olduğunu anlarsınız. Sadece insanlarla ilgilenmeniz gereken görevleri değil, ama her türlü görevi yumuşak huylulukla yaparsınız hiçbir sorun yaşamazsınız. Aynı yürek ve düşüncelere sahip iki insan hiçbir zaman yoktur. Herkes farklı şartlar altında ve farklı karakter özellikleriyle yetişmiştir. Düşünce ve fikirde anlaşamayabilirler.

Fakat yumuşak huylu olan, geniş bir yürekle başkalarını kabullenebilir. Kişinin kendi içini boşaltmasını ve diğerlerini

101

kabullenmesini sağlayan yumuşak huyluluk, herkesin kendi haklılığında ısrarcı olduğu bir durumda güzelce kendini gösterir.

Yeni Yeruşalim surlarının on iki temel taşının her birinin simgelediği ruhani yüreklerin hepsini öğrendik. Onlar; imanın, dürüstlüğün, fedakârlığın, doğruluğun, sadakatin, tutkunun, merhametin, sabrın, iyiliğin, özdenetimin, temizliğin ve yumuşak huyluluğun yürekleridir. Tüm bu özellikleri pekiştirdiğimizde, İsa Mesih'in ve Baba Tanrı'nın yüreklerini elde ederiz. Tek bir cümleyle özetleyecek olursak; bu, 'yetkin sevgidir.'

On iki değerli taşın her birine ait özelliklerin iyi ve dengeli bir bileşimiyle bu yetkin sevgiyi yetiştirenler, cesurca Yeni Yeruşalim kentine girebilirler. Ayrıca Yeni Yeruşalim'de ki evleri de on iki farklı taşla süslenmiş olacaktır.

Bu sebeple, Yeni Yeruşalim kentinin içi kelimelerle ifade edilemeyecek kadar güzel ve mest edicidir. Evler, binalar ve park gibi alanlar mümkün olan en güzel şekilde dekore edilmiştir.

Fakat Tanrı'nın en güzel bulduğu, Kente gelenlerdir. Onlar, on iki değerli taşın verdiği ışıktan daha parlak bir ışık yayarlar. Ayrıca yüreklerinin derinliklerinden Baba'ya duyulan sevginin güzel kokusunu verirler. Böylece Baba Tanrı, onlar için o ana kadar yapmış olduğu tüm şeyler için huzur duyar.

6. Bölüm

On iki İnciden Kapı ve Altından Anayol

1. On iki İnciden Kapı
2. Altından Yapılmış Sokaklar

*On iki kapı on iki inciydi;
kapıların her biri birer inciden
yapılmıştı. Kentin anayolu cam
saydamlığında saf altındandı.*

- Vahiy 21:21 -

Yeni Yeruşalim Kentinin kuzeyde, güneyde, doğuda ve batıda üçer adet olmak üzere toplam on iki kapısı vardır. Her bir kapıyı muazzam bir melek korur ve şöyle bir bakıldığında manzara Yeni Yeruşalim Kentinin olağanüstülüğünü ve yetkinliğini ortaya koyar. Kapılar yay şeklindedir ve öylesine muazzamdır ki çok yüksekten bakmak zorunda kalırız. Her kapı devasa bir inciden yapılmıştır. Kapı her iki yana da açılır ve altın ile değerli taşlardan yapılmış bir kulpu vardır. Birinin elle açmasına gerek olmadan kapılar otomatik olarak açılır.

Tanrı, sevgili çocukları için, on iki kapıyı güzelim incilerden ve sokakları da saf altından yapmıştır. Kentin yapısı daha ne kadar güzel ve olağanüstü olabilirdi ki?

Yeni Yeruşalim Kentinin bina ve çevresine daha derinlemesine dalmadan önce Tanrı'nın Yeni Yeruşalim'de ki kapıları niçin inciden yaptığına ve altından sokaklar dışında başka nasıl sokaklar olduğuna ilk olarak bakalım.

1. On İki İnciden Kapı

Vahiy 21:21 şöyle der, *"On iki kapı on iki inciydi; kapıların her biri birer inciden yapılmıştı. Kentin anayolu cam saydamlığında saf altındandı."* Yeni Yeruşalim'de onca değerli taş varken niçin on iki kapı inciden yapılmıştır? Bazıları on iki kapı olduğundan onların her birini farklı değerli taşlarla süslemenin daha iyi olacağını düşünebilir ama Tanrı on iki kapıyı sadece inciden yapmıştır.

Bu tasarımda Tanrı'nın takdiri ilahisi ve ruhani önem yatar. Diğer değerli taşların aksine incilerin daha farklı bir değeri vardır ve acılı bir süreç ertesinde üretildiklerinden çok daha kıymetli sayılırlar.

On iki kapı neden inciden yapılmıştır?

İnci nasıl üretilir? İnci, denizden gelen iki mücevherden biridir ve diğeri mercandır. Cilalanmaya gerek bırakmayan güzel bir parlaklığı olduğundan sayısız insan tarafından süs olarak kullanılmıştır.

İnci, bir istiridyenin kabuğunun içinde oluşur. Yarı-küre veya küre şeklinde, daha çok kalsiyum karbanot içeren olağandışı parlak boşaltımdan meydana gelen bir yığındır. Yabancı bir madde midyenin yumuşak etine girdiğinde bir iğnenin batmasından ileri gelen bir acı gibi midye çok büyük bir acı çeker. Sonuç olarak muazzam acılara katlanarak midye bu yabancı maddeye karşılık verir. Midyenin boşaltımı bu yabancı maddenin üzerini defalarca kapladığında bir inci oluşur.

İki çeşit inci vardır. Bunlardan biri doğal, diğeri ise kültür incileridir. İnsanlar bir incinin oluşum sürecini keşfetmişlerdir. Pek çok midye yetiştirir ve midyelerin içine yapay maddeler yerleştirerek inci üretirler. Görünüşte bu inciler doğal gibi görünür ama daha ince inci katmanları olduğundan çok daha ucuzdur.

Nasıl bir midye yabancı bir maddeye karşı savaş verirken muazzam acılar çekiyorsa, Tanrı'nın kaybolan suretini yeniden elde etmek için mücadele veren Tanrı'nın çocukları da böyle bir katlanma sürecinden geçerler. Ancak yeryüzünde zorluk ve acılara katlandıktan sonra Yeni Yeruşalim'e giren Tanrı'nın çocukları, saf bir altın misali imanlarıyla ilerlerler.

Eğer iman savaşında zafer kazanmayı ve Yeni Yeruşalim Kenti'nin kapılarından geçmeyi istiyorsak, hepimiz yüreklerimizde bir inci oluşturmalıyız. Nasıl ki istiridye bir inci oluşturmak için acılara katlanıyor ve yabancı maddeyi sedefle sarmalıyorsa, Tanrı'nın çocukları da Tanrı'nın suretini tam anlamıyla geri kazanana dek acıya katlanmak zorundadırlar.

Günah yeryüzüne geldiğinden ve insanlar günahla daha da fazla lekelendiğinden, Tanrı'nın suretini kaybettiler. İnsanın yüreğine kötülük ve gerçeğe ait olmayan şeyler ekildi; yürekleri kötü koku yayarak kirlendi. Baba Tanrı, günahkâr dünyada günahkâr yürekleriyle yaşayan bu insanlara bile yüce sevgisini gösterdi.

Her kim İsa Mesih'e iman ederse, O'nun kanıyla günahlarından temizlenir. Fakat Tanrı'nın istediği gerçek çocukları tam anlamıyla yetişmiş ve olgunlaşmış olanlardır. Temizlendikten sonra kendilerini yeniden kirletmeyecek olanları ister. Ruhani açıdan bu, tekrar günah işlemeyecekleri ve yetkin bir imanla Baba Tanrı'yı hoşnut edecekleri anlamına gelir.

Ve böyle yetkin bir imana sahip olmak için öncelikle gerçek yüreklere sahip olmalıyız. Tüm günah ve kötülükleri yüreklerimizden söküp attığımız ve onu iyilik ve sevgiyle doldurduğumuz zaman gerçek bir yüreğe sahip olabiliriz. Ne kadar iyilik ve sevgiye sahip olursak, o kadar çok Tanrı'nın kaybolan suretini geri kazanırız.

Baba Tanrı, çocuklarının arındırıcı sınamalardan geçmesini sağlar ki iyiliği ve sevgiyi yetiştirebilsinler. Farklı hallerde su yüzüne çıkan günah ve kötülükleri yüreklerinde bulmalarını sağlar. Günahlarımızı ve kötülüğü bulduğumuz zaman yüreklerimizde acı hissederiz. Kesici bir maddenin istiridyenin içine girip yumuşak eti delmesi gibidir. Fakat yüreklerimizdeki günah ve kötülük yüzünden sınamalardan geçerken acı duyduğumuz gerçeğini kabul etmeliyiz.

Eğer bu gerçeği gerçekten kabullenirsek, artık yüreklerimizde ruhani bir inciyi oluşturabiliriz. Keşfettiğimiz günah ve kötülükleri söküp atmak için kendimizi adayarak dua ederiz. Ve o zaman Tanrı'nın lütuf ve gücünü alırız. Ayrıca Kutsal Ruh'ta bize yardım eder. Bunun sonucunda bulduğumuz günah ve kötülükler sökülür, onların yerine ruhani yüreğe sahip oluruz.

Daha önce de açıklandığı gibi inciler, oluşum süreçleri göz önünde bulundurulduğunda oldukça kıymetlidirler. İnci üretmek için nasıl midyeler acı çekiyor ve acıya katlanıyorlarsa, bizlerde Yeni Yeruşalim'e girebilmek için büyük acılara katlanmak ve onların üstesinden gelmek zorundayız. Bu kapılardan içeri ancak iman savaşından zaferle çıktığımız takdirde girebiliriz. Bu kapılar bu gerçeği simgelemek için yapılmışlardır.

İbraniler 12:4 bize şöyle der, *"Günaha karşı verdiğiniz mücadelede henüz kanınızı akıtacak kadar direnmiş değilsiniz."* ve Vahiy 2:10'un ikinci yarısı bizlere, *"Ölüm pahasına da olsa sadık kal, sana yaşam tacını vereceğim."* der.

İncil'in bizi söylediği gibi göksel egemenlikte ki en güzel yer olan Yeni Yeruşalim'e ancak günahlarımızın karşısında durur, ölümümüz pahasına her türlü kötülüğü içimizden söküp atar ve vazifelerimizi yerine getirirsek girebiliriz.

İmanın sınamalarının üstesinden gelme

Yeni Yeruşalim'in on iki kapısından geçebilmek için saf altın gibi bir imana sahip olmalıyız. Bu tip bir iman sadece verilmez. Tıpkı bir midyenin muazzam acılar sonrasında ürettiği inci gibi ancak imanın sınamalarından geçtiğimiz ve onların üstesinden geldiğimiz zaman bu tip bir imanla ödüllendiriliriz. Ama imanla üstün gelmek çok kolay değildir çünkü düşman şeytan ve iblis ne pahasına olursa olsun bizleri bu imana sahip olmaktan alıkoymak için her şeyi denerler. Dahası imanın kayasında durabilene kadar göksel egemenliğe giden yolun zor ve acı dolu olduğunu hissedebiliriz çünkü yüreklerimizde ki gerçek dışılığa olduğu kadar düşman şeytana da şiddetli savaşlar veririz.

Tanrı bize lütuf ve gücünü verdiği için bunların üstesinden gelebiliriz ve Kutsal Ruh'ta bize yardım ve rehberlik eder. Bu adımları izledikten sonra imanın kayasında durabilirsek, her türlü zorluğun üstesinden gelebilecek ve acı çekmek yerine sevinç içinde olacağız.

Budist rahipler bedenlerini döver ve tüm dünyevi meselelerden uzaklaşmak için meditasyonlar yoluyla onları köleleştirirler. Bazıları uzun yıllar çilecilik hayatı sürdürürler ve öldüklerinde bedenlerinden inci gibi bir nesne çıkar. Bu, nasıl inciler midyede oluşturuluyorsa, uzun yıllar boyu süren katlanma ve özdenetimle oluşur.

Eğer dünyevi zevklerden uzaklaşmayı ve bedenin şehvetini kontrol etmeye sadece kendi gücümüzle çabalıyorsak acılara karşı ne kadar daha fazla katlanmak ve kendimizi kontrol altında tutmalıyız? Ancak Tanrı'nın çocukları Kutsal Ruh'un işlerinin ortasında Tanrı'nın lütuf ve gücüyle dünyevi zevklerden çok daha çabuk uzaklaşabilirler. Ayrıca Tanrı'nın gücüyle her türlü zorluğun üstesinden gelebilir ve göksel egemenlik bizim için hazırlandığından ruhani yarışta koşabiliriz.

Bu sebeple Tanrı'nın imanlı çocukları sınamalarından geçerken acıya katlanmak zorunda kalmazlar ama çok yakında alacakları kutsamaları bekleyerek bunların üstesinden sevinç ve şükranla gelirler.

On iki inciden kapı imanın galipleri içindir

On iki inciden kapı, tıpkı savaştan zaferle dönen komutanların gelişlerinin onurlarına dikilen anıtlar gibi, imanın galipleri için en yüksek derecede ki zafer anıtlarıdır.

Eski zamanlarda insanlar, zaferle dönen asker ve komutanlarını karşılamak ve onları onurlandırmak için, çeşitli anıt ve yapılar inşa etmişler ve bunlara kahramanlarının isimlerini vermişlerdir. Zafer kazanan bir general onurlandırılır ve yay şeklinde ki bir yapı veya kapıdan geçer, kalabalık bir insan topluluğu tarafından karşılanır ve kral tarafından gönderilen bir vagonun üzerinde giderdi.

Zafer dolu şarkılar eşliğinde şölen yerine ulaştıklarında, kral ve kraliçeyle birlikte oturan bakanlar onları karşılardı. Komutan vagondan aşağıya iner, kralın önünde başını eğer ve kral ona kalkmasını söyler ve yaptığı işlerden dolayı ona övgüler yağdırırdı. Sonra hepsi yiyip içerler ve zaferin sevincini paylaşırlardı. Komutan, yetkiyle, zenginlikle ve krallarla kıyaslanabilecek şerefle ödüllendirilirdi.

Eğer bir komutan ve ordunun yetkisi bu kadar büyükse, Yeni Yeruşalim'in on iki kapısından geçenlerin yetkisi ne kadar büyüktür? Onlar, Baba Tanrı tarafından sevilecek ve teselli edilecekler, zafer takısının altından geçen komutan ve askerlerle kıyaslanmayacak bir görkem içersinde sonsuza dek yaşayacaklardır. Tamamen inciden yapılmış on iki kapıdan geçtiklerinde onlara mücadeleyle ve en iyisini başarmakla geçen imanda ki yolculukları hatırlatılır ve yüreklerinin derinliklerinden taşan minnet duygusuyla gözyaşlarına boğulurlar.

On iki inciden kapının heybeti

Göklerde insanlar uzun zaman geçse bile asla hiç bir şeyi unutmazlar çünkü gökler ruhani hükümranlığın bir parçasıdır. Aksine bazen geçmişi yâd ederek güzel vakit geçirirler.

Bu sebeple Yeni Yeruşalim'e girenler inciden on iki kapıya her baktıklarında, "Pek çok sınamanın üstesinden gelerek sonunda Yeni Yeruşalim'e ulaştım." diye düşünürler. Mücadele verdikleri zamanı, sonunda düşman şeytan ve dünyaya karşı kazandıkları ve içlerinde ki gerçek dışı her şeyi söküp attıklarını hatırlayarak sevinç duyarlar. Dünyanın üstesinden gelmelerini sağlayan Tanrı'nın sevgisini hatırlayarak Baba Tanrı'ya tekrar şükranlarını sunarlar. Ayrıca kendilerinin bu yere ulaşmasında rolleri olan kişilere de şükranlarını sunarlar.

Bu dünya da minnet duygusu zaman geçtikçe ya solar ya da tamamen yitip gider ama göklerde vefasızlık olmadığından insanların minnet, sevinç ve sevgisi zamanla daha da çok büyür. Bu sebeple Yeni Yeruşalim sakinleri ne zaman inciden kapılara baksalar, Tanrı'ya ve kendilerinin oraya ulaşmasını sağlayanlara şükran duyarlar.

2. Altından Yapılmış Sokaklar

İnsanlar yeryüzünde ki hayatlarını anımsayarak inciden yay şeklinde ki haşmetli kapılardan geçerek sonunda Yeni Yeruşalim'e girerler. Kent, Tanrı'nın görkeminin ışığı, mesafe, meleklerin huzur veren seslerinden ilahiler ve çiçeklerin tatlı kokularıyla doludur. Kente kendilerini yaklaştıran her adımla anlatılamaz bir mutluluk ve aşırı sevinç duyarlar.

On iki değerli taşla süslenmiş surlar ve güzelim inciden kapıları zaten inceledik. Öyleyse Yeni Yeruşalim'de ki sokaklar neyden yapılmıştır? Vahiy 21.21'in bizlere, *"Kentin anayolu cam saydamlığında saf altındandı"* dediği gibi, Tanrı, kente girebilen çocukları için Yeni Yeruşalim'in sokaklarını saf altından yapmıştır.

İsa Mesih: Yol

Bu dünya da sessiz patikalardan tren yollarına, dar sokaklardan geniş ana yollarına kadar çeşitli yollar vardır. Varılacak yere ve ihtiyaca göre insanlar farklı yollardan giderler. Ancak göksel egemenliğe girebilmek için tek yol vardır ve o yol, İsa Mesih'tir.

"Yol, gerçek ve yaşam Ben'im. Benim aracılığım olmadan Baba'ya kimse gelemez" (Yuhanna 14:6).

Tanrı'nın tek ve yegâne oğlu olan İsa, günahları yüzünden sonsuza dek ölüme çarptırılmış olan insanoğlu için çarmıha gerilerek kurtuluş yolunu açmış ve üçüncü gün dirilmiştir. İsa

Mesih'e inanırsak, ebedi yaşama ortak olmak için yetkin oluruz. Bu sebeple, İsa Mesih gökler, kurtuluş ve ebedi yaşam için tek yoldur. Dahası İsa Mesih'in doğasını yansıtılabileceği yoldur.

Altından sokaklar

Yaşam Suyu ırmağının iki yanında, herkesin sınırsız göksel egemenlikte Tanrı'nın tahtını kolayca bulmasını sağlayan sokaklar vardır. Yaşam suyu Irmağının kaynağı Tanrı'nın ve Kuzu'nun tahtından gelir ve Yeni Yeruşalim Kentinden akarak tüm göksel egemenlikte dolanıp tekrar Tanrı'nın Tahtına geri döner.

Melek bana Tanrı'nın ve Kuzu'nun tahtından çıkan billur gibi berrak yaşam suyu ırmağını gösterdi. Kentin anayolunun ortasında akan ırmağın iki yanında on iki çeşit meyve üreten ve her ay meyvesini veren yaşam ağacı bulunuyordu. Ağacın yaprakları uluslara şifa vermek içindir (Vahiy 22:1-2).

Ruhani açıdan "su", Tanrı'nın Sözünü simgeler ve O'nun sözü sayesinde yaşamı kazandığımızdan ve İsa Mesih aracılığıyla da ebedi yaşama yöneldiğimizden Yaşam Suyu Tanrı'nın ve Kuzu'nun Tahtından akar.

Dahası Yaşam Suyu Irmağı göksel egemenliğin çevresinde dolandığından, ırmağın iki yanında ki altından sokakları izleyerek çok kolayca Yeni Yeruşalim'e ulaşabiliriz.

Altından sokakların önemi

Altından sokaklar sadece Yeni Yeruşalim'e has değildir ama göksel egemenliğin her yerindedir. Ancak nasıl bir göksel yerden diğerine parlaklık, malzemeler ve güzellik değişiklik gösteriyorsa, altından sokakların parlaklığı bir göksel yerden diğerine farklılık gösterir. Yeryüzünde bulunan altının aksine, göklerde ki saf altın yumuşak değil ama serttir. Ancak bu altından caddeler üzerinde yürüdüğümüzde yumuşak hissederiz. Dahası göksel egemenlikte ne toz ne de kir vardır ve hiçbir şey eskimediğinden, altından sokaklar asla bozulmaz. Sokakların kenarında güzel çiçekler açar ve yürümekte olan Tanrı'nın çocuklarını selamlarlar. Öyleyse sokakları saf altından yapmanın önem ve sebebi nedir? Yürekler ne kadar temiz ise, göklerde o kadar iyi yerlere gidileceğinin hatırlatmasıdır. İlaveten, Yeni Yeruşalim'e ancak iman ve umutla ilerleyerek girdiğimizden Tanrı, sokakları ruhani imanı ve bu imandan doğan şevkle dolu umudu simgeleyen saf altından yapmıştır.

Çiçekten yollar

Yeni biçilmiş çimenlerin üzerinde, kayalarda, kaldırımlarda vb yürümekte farklılıklar olabileceği gibi, altından caddeler ve çiçekten yollar üzerinde yürümek arasında da farklılıklar vardır. Değerli taşlardan yapılmış başka yollarda vardır ve o yollarda yürürken hissedilen mutluluk arasında da fark vardır. Ayrıca uçak, tren ya da otobüs gibi farklı ulaşım araçlarının sunduğu rahatlık arasında ki farkı da biliriz ve aynı şey göklerde de geçerlidir. Caddelerde bir başımıza yürümekle Tanrı'nın gücü sayesinde otomatik olarak taşınmak tamamıyla farklıdır.

Göklerde ki çiçekten yolların iki yanında çiçek yoktur çünkü bu yolların ta kendisi çiçekten yapılmıştır ve insanlar çiçeklerin üzerinde yürürler. Çıplak ayakla yumuşak bir halının üzerinde yürürmüş gibi, yumuşak ve kuş tüyü gibi hafif bir his uyandırır. Bedenlerimiz çok hafif olan göksel bedenler olduğundan çiçeklere bir zarar gelmez, ayakaltında ezilmez ya da yitip gitmezler.

Dahası Tanrı'nın çocukları üzerlerinde yürüdüklerinde göksel çiçekler sevinç gösterilerinde bulunur ve güzel kokularını yayarlar. Dolayısıyla çiçekten yollar üzerinde yürüdüklerinde bu güzel kokuları bedenlerine siner ve yürekleri mutluluk, canlılık ve sevinçle dolar.

Değerli taşlardan yollar

Yollar, çeşit çeşit renkte ve güzelim ışıklarla dolu değerli taşlardan da yapılır ve en ilginç olanı ise göksel bedenler üzerlerinde yürüdüklerinde çok daha güzel ışıklar yaymalarıdır. Hatta bu değerli taşlar bile güzel kokular yayar, hissedilen mutluluk ve sevinç tasavvur dahi edilemez. Bunun yanı sıra, değerli taşlardan yollar üzerinde yürürken azıcık heyecanda duyarız çünkü su üstünde yürüyormuşuz hissini uyandırırlar. Ama bu, sanki batıyormuş ya da boğulacakmışız hissinden ziyade, attığımız her adımda hissedilen coşkunluk duygusudur.

Ancak değerli taşlardan yapılmış yolları, göksel egemenliğin sadece belli yerlerinde bulabiliriz. Diğer bir deyişle, Rab'bin yüreğini yansıtan ve insanın yetiştirilmesinde Tanrı'nın takdiri ilahisini büyük ölçüde yerine getirenlere evlerinin içinde ve çevresinde ödül olarak verilmiştir. Bir kralın şato ya da sarayının, en kaliteli malzemeler ve zarif süslerle donatılmış küçük bir yolu gibidir.

İnsanlar göksel egemenlikte yorulmaz veya hiç bir şeyden bıkkınlık duymazlar ama sonsuza dek her şeyi severler çünkü orası ruhani hükümranlıktır. Ayrıca daha fazla mutluluk ve sevinç hissederler çünkü en küçük nesnenin bile ruhani önemi vardır ve buna uygun olarak insanların sevgi ve hayranlığı da artar.

Yeni Yeruşalim ne kadar da güzel ve harikadır! Tanrı'nın sevgili çocukları için Tanrı tarafından hazırlanmıştır. Hatta cennet, göğün birinci, ikinci ve üçüncü katlarında ki insanlar bile davetiyeyle Yeni Yeruşalim'in inciden kapılardan geçerken bile büyük bir sevinç duyarlar ve minnet içinde olurlar.

Doğru yol olan Rab'bin yolunu sadakatle izleyerek Yeni Yeruşalim'e giren Tanrı'nın çocuklarının ne kadar daha büyük bir sevinç ve minnet duygusu içinde olacaklarını hayal edebiliyor musunuz?

Yeni Yeruşalim Kenti'ne girmek için üç anahtar

Yeni Yeruşalim, genişliği, uzunluğu ve yüksekliğiyle toplam 2,400 km olan kübik-şeklinde bir kenttir. Kent surlarının on iki kapısı ve on iki temel taşı vardır. Kent surlarının, kapılarının ve temel taşlarının ruhani anlamları vardır. Eğer bu anlamları bilir ve bunları yüreklerimizde gerçekleştirirsek, Yeni Yeruşalim'e girmek için gerekli olan ruhani yetkinliklere sahip olabiliriz. Bu bakımdan; bu ruhani anlamlar, Yeni Yeruşalim'e girişin anahtarlarıdır.

Yeni Yeruşalim'e girişin ilk anahtarı, kent surlarında gizlidir. Vahiy 21:18 ayetinde, *"Surlar yeşimden yapılmıştı. Kent ise, cam duruluğunda saf altındandı,"* yazılmış olduğu gibi, kentin surları ruhani açıdan Tanrı'yı hoşnut eden imanı simgeleyen yeşimden yapılmıştır.

İman, Hristiyan yaşamının en temel ve gerekli unsurudur. İman olmadan kurtulamaz ve Tanrı'yı hoşnut edemeyiz. Yeni Yeruşalim kentine girmek için Tanrı'yı hoşnut eden imana— imanın en yüksek seviyesi olan beşinci seviyedeki iman—sahip olmalıyız. Dolayısıyla ilk anahtar, imanın—Tanrı'yı hoşnut eden iman—beşinci seviyesindeki imandır.

İkinci anahtar, on iki temel taşta bulunur. On iki temel taşla temsil edilen ruhani yüreklerin birleşimi, yetkin imandır ve bu yetkin iman, Yeni Yeruşalim'in ikinci anahtarıdır.

On iki temel, on iki farklı değerli taştan yapılmıştır. On iki temeldeki her bir değerli taş, ruhani yüreğin kendine has farklı bir çeşidini simgeler. Onlar; imanın, dürüstlüğün, fedakârlığın, doğruluğun, sadakatin, tutkunun, merhametin, sabrın, iyiliğin, özdenetimin, temizliğin ve yumuşak huyluluğun yürekleridir. Tüm bu özellikleri birleştiğimizde, İsa Mesih'in ve sevginin ta kendisi olan Baba Tanrı'nın yüreklerine dönüşürler. Özetle, Yeni Yeruşalim'e girişin ikinci anahtarı yetkin sevgidir.

Yeni Yeruşalim surlarında gizli olan üçüncü anahtar ise on iki inciden kapıdır. Tanrı, Yeni Yeruşalim'e nasıl girebileceğimizi incinin vesilesiyle kavramamızı ister. İnci, diğer değerli taşlardan çok daha farklı oluşur. On iki temel taşı meydana getiren altının, gümüşün ve değerli taşların geldiği yer topraktır. Oysa inci, yaşayan bir canlıdan eşi benzeri olmayan bir şekilde oluşur. İncilerin çoğu inci istiridyeleriyle meydana gelir. İnci istiridyesi acıya katlanır ve inciyi oluşturmak için yabancı maddeyi sedefle sarmalar. Aynı şekilde, Tanrı'nın çocukları da Tanrı'nın suretini tamamıyla geri kazanana dek acıyla katlanmalıdır.

Baba Tanrı, İsa Mesih'in kanıyla yıkandıktan sonra bu çocuklarının yeniden kendilerini kirletmelerini değil, ama yetkin imanla Baba Tanrı'yı hoşnut etmelerini ister. Bu yetkin imana sahip olmak için gerçek yüreklere sahip olmamız gereklidir. Gerçek bir yüreğe, tüm günah ve kötülükleri yüreklerimizden söküp attığımızda, onu iyilik ve sevgiyle doldurduğumuzda sahip olabiliriz.

Bu yüzden Tanrı, gerçek bir yürek ve yetkin imana sahip olana dek imanın sınamalarından geçmemizi sağlar. Günahlarımızı ve kötülüğümüzü bulduğumuzda, yüreklerimizde acı hissederiz. Kesici bir maddenin istiridyenin içine girip yumuşak eti delmesi gibidir. İmanla sınamalardan geçtiğimiz zaman tıpkı inci istiridyesinin yabancı bir maddeyi sedefle tabaka tabaka kaplaması ve onu tabaka tabaka kalınlaştırmasına benzer bir şekilde yüreklerimizin sedefi kalınlaşır. Nasıl ki inci istiridyesi inciyi oluşturuyorsa, biz inanlılar da Yeni Yeruşalim'e girmek için ruhani inciyi oluşturmalıyız. Bu, Yeni Yeruşalim'e girişin üçüncü anahtarıdır.

Yeni Yeruşalim'in kent surlarında, surların on iki kapısında ve on iki temel taşta gizlenmiş ruhani anlamları anlamış ve ruhani yetkinliklere sahip olarak Yeni Yeruşalim'e girişin üç anahtarını elde etmiş olmanızı umut ediyorum.

7. Bölüm

Büyüleyici Görünüş

1. Ne Güneşin ne de Ayın Işığına İhtiyaç Yoktur
2. Yeni Yeruşalim'in Kendinden Geçiren Sevinci
3. Güveyimiz Rab İle Sonsuza Dek
4. Yeni Yeruşalim Sakinlerinin Görkemi

Kentte tapınak görmedim. Çünkü Her Şeye Gücü Yeten Rab Tanrı ve Kuzu, kentin tapınağıdır. Aydınlanmak için kentin güneş ya da aya gereksinimi yoktur. Çünkü Tanrı'nın görkemi onu aydınlatıyor. Kuzu da onun çırasıdır. Uluslar kentin ışığında yürüyecekler. Dünya kralları servetlerini oraya getirecekler. Kentin kapıları gündüz hiç kapanmayacak, orada gece olmayacak. Ulusların görkemi ve zenginliği oraya taşınacak. Oraya murdar hiçbir şey, iğrenç ve aldatıcı işler yapan hiç kimse asla girmeyecek; yalnız adları Kuzu'nun yaşam kitabında yazılı olanlar girecek.

- Vahiy 21:22-27 -

Kutsal Ruh'un Yeni Yeruşalim'i gösterdiği elçi Yuhanna, bir tepeden bakarken gördüğü tüm kenti detaylıca yazmıştır. Yuhanna çok uzun bir süre Yeni Yeruşalim'in içini görmenin hasretini çekmiş ve sonunda kentin güzel görüntüsünü gördüğünde de manzara karşısında kendinden geçmişti.

Eğer Yeni Yeruşalim'e girmemizi sağlayan yetkinliğe sahipsek ve kapının önünde durursak, bizim için kapıların sonunu göremeyeceğimiz kadar büyük olan yay şeklinde ki inciden kapının açılmış olduğunu göreceğiz.

O anda Yeni Yeruşalim Kentinin içinden kelimelerin anlatmakta kifayetsiz kalacağı kadar güzel bir ışık yayılır ve bedenimizi çevreler. O vakit Tanrı'nın büyük sevgisini hisseder ve göz pınarlarınızdan süzülen yaşlara mani olamazsınız.

Ateş saçan gözleriyle bizi koruyan Baba Tanrı'nın taşan sevgisini, çarmıhta kanını dökerek bizleri bağışlayan Rab'bin lütufunu ve bizlerin gerçekte yaşamasını sağlayan içimizde ki Kutsal Ruh'un sevgisini hissederek sonsuz övgülerimizi sunarız.

Şimdi elçi Yuhanna'nın gördüklerine dayanarak Yeni Yeruşalim Kentini detaylıca inceleyelim.

1. Ne Güneşin ne de Ayın Işığına İhtiyaç Yoktur

Elçi Yuhanna, Tanrı'nın görkemiyle dolu Yeni Yeruşalim'in içine bakarken şöyle demiştir:

Aydınlanmak için kentin güneş ya da aya gereksinimi yoktur. Çünkü Tanrı'nın görkemi onu aydınlatıyor. Kuzu da onun çırasıdır (Vahiy 21:23).

Tanrı'nın ta Kendisi Yeni Yeruşalim'de oturduğundan, Kent O'nun görkemiyle dopdoludur ve içersinde insanın yetiştirilmesi için Tanrı'nın Kendinden Üçlü Birlik'i oluşturduğu zirve vardır.

Tanrı'nın görkemi Yeni Yeruşalim'in üzerinde parlar

Tanrı'nın yaşadığımız dünyaya güneşi ve ayı yerleştirmesinin sebebi, iyi ile kötüyü kavramamızı ve Tanrı'nın gerçek çocukları olalım diye, ışığın ve karanlığın aracılığıyla benlikten ruhu ayırabilmemizi sağlamak içindir. O, ruh ve benlik, iyilik ve kötülükle ilgili her şeyi bilir ama basit yaratıklar olduklarından insanın yetiştirilmesi olmadan insanlar bu şeyleri anlayamazlar.

İlk insan Âdem, insanın yetiştirilmesinden önce Cennet Bahçesinde yaşadığında kötülük, ölüm, karanlık, sefalet ya da hastalık hakkında hiç bir şey bilmiyordu. Bu nedenle yaşamın gerçek anlamını ve mutluluğunu kavrayamamış, tüm yaşantısının bolluk içinde olmasına rağmen kendisine her şeyi veren Tanrı'ya şükran duyguları besleyememişti.

Âdem'in gerçek mutluluğu bilmesi için gözyaşı dökmeye, kederlenmeye, acı ve hastalıklardan çekmeye ve ölümü yaşamaya gereksinimi vardı ki tüm bunlar insanın yetiştirilme sürecidir. Lütfen daha fazla bilgi için *Çarmıhın Mesajı* adlı kitaba bakınız.

Nihayetinde Âdem, iyilikle kötülüğün bilgisini taşıyan ağacın meyvesinden yiyerek itaatsizlik günahını işledi ve göreceliği yaşayacağı yeryüzüne atıldı. Ancak bundan sonra

Cennet Bahçesinde ki yaşantısının ne kadar bolluk, mutluluk ve güzellik içinde olduğunu kavrayarak Tanrı'ya gerçek bir yürekle şükredebildi.

Torunları da çeşitli zorluklar, çekerken ışık ve karanlık, ruh ile benlik ve iyilikle kötülük arasında ki farkı insanın yetiştirilme süreci sayesinde anlayabildiler. Bu sebeple, bir kere kurtuluşa nail olup göksel egemenliğe girersek insanın yetiştirilmesi için gerekli olan güneşin ve ayın ışığına duyulan ihtiyaç kalkacaktır.

Tanrı'nın kendisi Yeni Yeruşalim'de olduğundan orada hiçbir karanlık yoktur. Dahası Tanrı'nın görkeminin ışığı en güçlü Yeni Yeruşalim'de parlar. Doğal olarak Kentin aydınlanmak için aya ya da güneşe veya ampule ihtiyacı yoktur.

Yeni Yeruşalim'in çırası Kuzu

Yuhanna, güneş ya da ay veya ampul gibi ışık veren hiç bir şey bulamadı. Bunun nedeni, Kuzu olan İsa Mesih'in Yeni Yeruşalim Kentinin çırası olmasıdır.

İlk insan Âdem, itaatsizlik günahı işlediğinden insan ırkı ölüm yoluna düşmüştür (Romalılar 6:23). Sevgi Tanrı'sı İsa'yı yeryüzüne günah sorununu çözmesi için göndermiştir. Yeryüzüne bir beden olarak gelen Tanrı'nın oğlu İsa, kanını dökerek bizleri günahlarımızdan temizlemiş ve ölümün gücünü kırarak dirilişin ilk meyvesi olmuştur.

Bunun bir sonucu olarak O'nun kendilerinin kişisel Kurtarıcısı olduğuna iman eden herkes yaşamı kazanır, dirilişe ortak olur, göksel egemenlikte ebedi yaşamın tadına varır ve yeryüzünde sordukları her şeyin karşılığını alırlar. Dahası Tanrı'nın çocukları ışığın içinde yaşarak yeryüzünün ışıkları olur ve İsa Mesih yoluyla Tanrı'yı yüceltirler. Diğer bir deyişle, Kuzu'nun verdiği ışık, yani Tanrı'nın görkeminin ışığı Kurtarıcı İsa yoluyla çok daha keskin parlar.

2. Yeni Yeruşalim'in Kendinden Geçiren Sevinci

Uzaktan Yeni Yeruşalim Kentine baktığımızda, çeşitli değerli taşlardan ve görkemin bulutları yoluyla altından yapılmış güzel binaları görebiliriz. Tüm kent, çeşitli ışıkların – değerli taşlardan yapılmış evlerin ışıkları, Tanrı'nın görkeminin ışığı, berrak ve mavimsi renklerde yeşim ve altından yapılmış surlardan gelen ışıklar – birbirine karıştığı capcanlı bir hava verir.

Yeni Yeruşalim'e girmenin yarattığı his ve heyecanı kelimelerle anlatmamız nasıl mümkün olabilir? Kent, hayal gücümüzün çok ötesinde güzel, harikulade ve estetiktir. Kentin tam ortasında Tanrı'nın Tahtı, yani Yaşam Suyu Irmağının kaynağı yer alır. Tanrı'nın Tahtının çevresinde Tanrı tarafından çok ama pek çok sevilen İlyas'ın, Hanok'un, İbrahim'in, Mecdelli Meryem ve İsa'nın annesi Meryem'in evleri vardır.

Rab'bin Şatosu

Rab'bin şatosu, Tanrı'nın Yeni Yeruşalim'de ki ibadet veya şölenler için kaldığı tahtının sağında ve aşağısında yer alır. Rab'bin şatosunun ortasında, altından kubbesi olan muazzam bir bina vardır ve bu binanın çevresini sonsuz sayıda çeşitli binalar çevrelemiştir Özellikle, kubbe şeklinde ki altından çatıların üzerinde parlak ışıklarla çevrili görkemin haçları vardır. Onlar bizlere kurtuluşa nail olduğumuzu ve İsa'nın çarmıhı sırtladığı için göksel egemenliğe girdiğimizi hatırlatırlar.

Merkezde ki muazzam bina silindir şeklinde bir yapıdır ama ustalık ve titizlikle yapılmış pek çok değerli taşla süslenmiş olduğundan, her bir değerli taştan yansıyan güzel ışıklar gökkuşağı renklerini oluşturur. Eğer Rab'bin şatosunu yeryüzünde insan eliyle yapılmış herhangi bir binayla kıyaslayacak olsaydık, en yakın benzetme ancak Moskova, Rusya'da ki St. Basil Katedrali olurdu. Ancak stili, malzemeleri ve büyüklüğü yeryüzünde bu güne dek yapılmış en mükemmel binayla bile mukayese edilemez.

Tam ortada ki bu muazzam binanın dışında Rab'bin şatosunda pek çok bina daha vardır. Baba Tanrı'nın Kendisi, ruhta yakın ilişkiler içinde olanlar sevdikleriyle kalabilsinler diye bu binaları hazırlamıştır. Rab'bin şatosunun yanında on iki elçinin evleri sıralanır. Önde Petrus, Yuhanna ve Yakup'un, biraz daha geride ise diğer elçilerin evleri bulunur. Daha özel olanı ise, Rab'bin şatosunda Mecdelli Meryem ile Meryem Ana'nın kalacağı yerlerin olmasıdır. Elbette ki bu yerler Rab'bin davetiyle gelip geçici kaldıkları yerlerdir. Onların devamlı kaldıkları şato misali evleri Tanrı'nın tahtının yakınında yer alır.

Kutsal Ruh'un Şatosu

Tanrı'nın Tahtının solunda ve biraz aşağısında Kutsal Ruh'un şatosu vardır. Bu devasa şato, değişen ebatlarda ve kubbe şeklinde ki ahenkli binalarıyla Kutsal Ruh'un yumuşak huyluluk, uysallık ve anaçlık gibi özelliklerini simgeler.

Şatonun merkezinde ki en büyük binanın çatısı, tutkuyu

sembolize eden koca bir kırmızı akik parça gibidir. Bu binanın çevresinde kaynağını Tanrı'nın tahtından ve Rab'bin şatosundan alan Yaşam Suyu Irmağı akar.

Yeni Yeruşalim'de ki tüm şatolar, haddinden fazla büyük ve olağanüstüdür ama özellikle Rab'bin ve Kutsal Ruh'un şatoları hepsinden daha fazla güzel ve olağanüstüdür. Ölçüleri bir şatodan ziyade şehir gibidir ve çok özel bir tasarımda inşa edilmişlerdir. Bunun nedeni, melekler tarafından inşa edilmiş binaların aksine, Baba Tanrı'nın bizzat Kendisi tarafından yapılmış olmalarıdır. Dahası Rab'bin şatosu, Kutsal Ruh ile birleşenlerin ve Tanrı'nın egemenliğini başaranların evleri, Kutsal Ruh'un şatosunun çevresinde güzelce inşa edilmişlerdir.

Büyük Tapınak

Kutsal Ruh'un şatosunun çevresinde yapım aşamasında olan pek çok bina vardır ve bunların arasında özellikle bir tanesi harikulade ve büyüktür. Binanın bir kubbesi ve on iki uzun sütunu vardır. Bu sütunların arasında on iki büyük kapı mevcuttur. Burası Yeni Yeruşalim Kentinden sonra inşa edilen büyük tapınaktır.

Ancak Vahiy 21:22'de Yuhanna şöyle der, *"Kentte tapınak görmedim. Çünkü Her Şeye Gücü Yeten Rab Tanrı ve Kuzu, kentin tapınağıdır."* Yuhanna niçin tapınak görmemiştir? İnsanlar genelde, nasıl bizler oturmak için bir yere ihtiyaç duyuyorsak Tanrı'nın da tapınak gibi bir yerde kalmaya ihtiyaç duyacağını düşünür. Bu sebeple, yeryüzünde bizler, Tanrı'nın sözünün duyurulduğu tapınaklarda O'na tapınırız.

Yuhanna 1:1'de, *"Başlangıçta Söz vardı. Söz Tanrı'yla birlikteydi ve Söz Tanrı'ydı"* denildiği gibi sözün olduğu yerde Tanrı vardır ve söz, tapınaklarda duyurulur. Ancak Tanrı'nın Kendisi Yeni Yeruşalim Kentinde kalır. Sözün ta Kendisi olan Tanrı ve Tanrı ile bir olan Rab, Yeni Yeruşalim Kentinde otururlar, dolayısıyla başka bir tapınağa gereksinim yoktur. Böylece elçi Yuhanna aracılığıyla Tanrı bizlere tapınağa gereksinim olmadığını, Kendisi ve Rab'bin Yeni Yeruşalim'in tapınağı olduğunu bildirir.

Elçi Yuhanna zamanında inşa edilmemiş Büyük Tapınağın neden şimdi inşa edilmiş olduğunu merak edebilirsiniz. Elçilerin İşleri 17:24'de denildiği gibi, *"Dünyayı ve içindekilerin tümünü yaratan, yerin ve göğün Rabbi olan Tanrı, elle yapılmış tapınaklarda oturmaz."* Tanrı, belli tapınak yapılarında oturmaz.

Tanrı'nın tahtı göklerde olmasına rağmen, hala Görkemini simgeleyen Büyük tapınağı inşa etmeyi ister ve Büyük Tapınak tüm dünya da Tanrı'nın gücü ve görkemini ortaya koyan güvenilir bir kanıt olur.

Bu gün yeryüzünde pek çok büyük ve olağanüstü bina vardır. İnsanlar büyük parasal yatırımlar yaparak kendi görkemlerini ortaya koymak için arzuları doğrultusunda binalar inşa ederler. Ama hiç biri gerçek övgüye layık Tanrı için aynısını yapmaz. Bu sebeple Tanrı, Kutsal Ruh'u alan ve kutsallaşan çocukları aracılığıyla güzel ve harikulade Büyük Tapınağı inşa etmeyi ister ve sonra tüm ulusların insanları tarafından uygun bir şekilde yüceltilmesi arzular (1. Tarihler 22:6-16).

Güzel Büyük Tapınak, Tanrı'nın istediği gibi inşa edildiğinde tüm uluslardan insanlar Tanrı'yı yüceltecek ve Rab'be kavuşmak için kendilerini gelinler gibi hazırlayacaklardır. Tanrı, sayısız insanı kurtuluş yoluna sevk etmek için Büyük Tapınağı müjdeyi yayma merkezi olarak hazırlamış ve zaman geldiğinde onları Yeni

Göksel Egemenlik II

Yeruşalim'e taşıyacaktır. Tanrı'nın takdiri ilahisini anlarsak ve O'nu yüceltirsek bizi yaptığımız işlere göre ödüllendirir ve Yeni Yeruşalim Kentinde aynı Büyük Tapınağı inşa eder.

Böylece yeryüzünde ki hiçbir cevher ile mukayese dahi edilemeyecek değerli taş ve altından yapılmış Büyük Tapınağa bakarak göksel egemenliğe girenler, bizleri insanın yetiştirilmesi yoluyla görkemin ve kutsamanın yoluna taşıyan Tanrı'nın sevgisine her daim minnet duyacaklardır.

Değerli taş ve altınla donatılmış göksel evler

Kutsal Ruh'un şatosunun çevresinde çeşit çeşit değerli taşlarla donatılmış evler olduğu gibi yapım aşamasında olan evlerde vardır. Güzelim değerli taşları oradan oraya taşıyan ve evlerin çevresini temizleyen melekleri çalışırken görebiliriz. Böylece Tanrı her bir bireyin ihtiyaçlarına göre ödüller verir ve onları evlerine yerleştirir.

Tanrı bir keresinde bana bir kilisenin iki sadık çalışanın evlerini gösterdi. Bir tanesi gece ve gündüz Tanrı'nın egemenliği için dua ettiğinden kilisesi için büyük bir güç kaynağıydı ve evi dua ile sebatın güzelim kokusuyla inşa edilmiş, parlak değerli taşlarla girişten itibaren donatılmıştı.

Ayrıca bu bayanın tatlı karakter özellikleriyle uygun olarak bahçenin bir köşesinde sevdikleriyle çay vaktinin tadını çıkaracağı bir masa vardır. Çimenlerin üzeri çeşit çeşit ve rengârenk çiçeklerle süslenmiştir. Bunlar sadece eve girişi ve bahçeyi anlatır. Asıl binanın ne kadar daha olağanüstü olduğunu hayal edebiliyor musunuz?

Tanrı'nın bana gösterdiği bir diğer ev, müjdenin yeryüzünde ki yazınsal yayılışına kendini adayan bir çalışana aitti. Ana binanın içinde birçok odanın arasında bir tanesini görebiliyordum. Hepsi altından yapılmış bir masa, bir sandalye ve şamdan vardı ve oda kitaplarla doluydu. Bu, Müjdenin yazınsal yayılışına katkıda bulunarak Tanrı'yı yücelten çalışmalarının hatırlandığı ödüldü çünkü Tanrı bu bayanın okumaktan büyük zevk aldığını biliyordu. Dolayısıyla Tanrı bizlerin sadece göksel evlerini hazırlamakla kalmaz ama ayrıca dünyevi zevklerden elimizi eteğimizi çekerek tamamıyla Tanrı'nın egemenliğini yerine getirmeye kendimizi adamamızı, tasavvur dahi edemeyeceğimiz şeylerle ödüllendirir.

3. Güveyimiz Rab İle Sonsuza Dek

Yeni Yeruşalim Kentinde, Baba Tanrı tarafından düzenlenenler de olmak üzere aralıksız olarak ve çeşit çeşit şölenler düzenlenir. Bunun nedeni, Yeni Yeruşalim'de yaşayanların göksel egemenliğin diğer yerlerinde yaşayan kardeşlerini davet edebilmesidir.

Yeni Yeruşalim'de yaşıyor olmanız, sevginizi paylaşmak için Rab tarafından davet edilip hoş şölenlere katılabilmeniz ne kadar görkemli ve mutluluk verici!

Rab'bin şatosunda ki sıcak karşılama

Yeni Yeruşalim'de ki insanlar güveyleri Rab tarafından davet edildiklerinde kendilerini çok güzel bir gelin gibi süsler ve sevinç dolu yüreklerle Rab ile bir araya gelirler. Rab'bin bu gelinleri şatoya vardıklarında, ışıl ışıl parlayan ana kapının iki yanında iki melek onları sıcak bir karşılamayla selamlar. O an çeşitli değerli taşlarla ve çiçeklerle süslenmiş duvarlardan yayılan bir koku, sevinçlerine sevinç katarak bedenlerini sarmalar.

Ana kapıdan geçerken ruhun en derin noktalarına ulaşan bir ilahi ezgi uzaktan duyulur. Bu sesi duyduktan sonra yüreklerinden Tanrı'nın sevgisine olan şükranları, mutluluk ve minnet duygusu yüreklerinden taşar çünkü Tanrı'nın onları oraya getirdiğini bilirler.

Ana binaya ulaşmak için cam duruluğunda ki altından yolda ilerlerken, onlara melekler eşlik eder ve pek çok güzel yapı ve bahçelerin arasından geçerler. Ana binaya ulaşana dek kalpleri Rab ile tanışacakları için umutla küt küt atar. Ana binaya yaklaştıklarında onları karşılamak üzere bekleyen Rab'bi görürler. Gözyaşları görüş açılarını kapar ama yinede samimi bir arzuyla O'nu bir an önce görebilmek için Rab'be doğru koşarlar. Rab, yumuşak huyluluğun ve sevginin yüzüyle kolları iki yana açılmış olarak onları bekler ve her birini teker teker kucaklar.

Rab, "Gelin, güzel gelinlerim! Hoş geldiniz!" der. Davet edilenler O'nun göğsüne dayanmış sevgilerini, "Beni davet ettiğin için tüm yüreğimle müteşekkirim." diye dile getirirler. Sonra birbirlerini delice seven bir çift gibi bir oraya bir buraya el ele yürür ve yeryüzünde ki yaşamlarından beri hasret çektikleri hoş sohbetlerin içine dalarlar. Ana binanın sağ tarafında büyük bir göl vardır ve Rab, yeryüzünde ki hizmeti sırasında ki koşulları ve duygularını detaylıca anlatır.

Celile Gölünü hatırlatan gölün kıyısında

Bu göl niçin Celile Gölünü hatırlatır? Tanrı, bu gölü Celile Gölünün anısına yapmıştır çünkü Rab'bin hizmeti bu bölgede başlamış ve pek çoğu bu bölgede gerçekleşmiştir (Matta 4:23).

Büyüleyici Görünüş

Yeşaya 9:1 şöyle der, *"Bununla birlikte sıkıntı çekmiş olan ülke karanlıkta kalmayacak. Geçmişte Zevulun ve Naftali bölgelerini alçaltan Tanrı, gelecekte Şeria Irmağı'nın ötesinde, Deniz Yolu'nda, ulusların yaşadığı Celile'yi onurlandıracak."* Rab'bin hizmetlerine Celile Gölü bölgesinde başlayacağı önceden bildirilmiş ve bu kehanette gerçekleşmiştir.

Farklı renklerde ışıklar veren pek çok balık bu gölde yüzer. Yuhanna 21'de dirilen Rab hiç balık tutamayan Petrus'a görünür ve şöyle der, *"Ağı teknenin sağ yanına atın, tutarsınız"* (a. 6), ve Petrus bu söze uyduğunda 153 adet balık yakalar. Rab'bin şatosunda ki gölün içinde de 153 adet balık vardır ve bu da Rab'bin hizmetlerinin anısınadır. Bu balıklar havaya zıplayıp hayranlık uyandırıcı hareketler yaptıklarında davetlilerin sevinç ve mutluluklarını daha da arttıracak şekilde renkleri değişir.

Rab, yeryüzünde nasıl Celile Gölü üzerinde yürüdüyse burada da yürür. Sonra davet edilenler gölün etrafında mutlulukla toplanır ve O'nun konuşmasını duymayı beklerler. Yeryüzündeyken Celile gölü üzerinde yürüdüğü zaman ki durumu detaylıca anlatır. Sonra Petrus, Rab'bin sözüne itaat ederek kısa bir süreliğine Celile Gölü üzerinde yürüyüp kıt imanı sebebiyle batmasından üzüntü duyar (Matta 14:28-32).

Rab'bin hizmetlerinin şerefine bir müze

Rab ile birlikte birçok yeri gezen insanlar, şimdi yeryüzünde yetiştirilmeleriyle geçen süreyi düşünür ve gökleri hazırlayan Baba Tanrı'nın ve Rab'bin sevgisiyle dolarlar. Rab'bin şatosunda ki ana binanın sol tarafında kalan bir müzeye ulaşırlar. Baba Tanrı bu müzeyi insanlar gerçekleri görsün ve hissetsinler diye

Rab'bin yeryüzünde ki hizmetlerinin anısına inşa etmiştir. Örneğin İsa'nın Vali Pilatus tarafından yargılandığı yer ve çarmıhını taşıyarak Golgota'ya yürüdüğü Via Dolorosa (Haç Yolu) aynen inşa edilmiştir. İnsanlar bu yerleri gördüklerinde Rab onlara detaylıca olayları anlatır.

Az bir zaman önce Kutsal Ruh'un ilhamıyla o vakit Rab'bin ne dediğini öğrenme fırsatını buldum ve bunlardan bazılarını sizlerle paylaşmak istiyorum. Göklerde ki tüm görkeme sırtını çevirerek yeryüzüne gelen Rab'bin, çarmıhla Golgota'ya yürürken yaptığı yüreklere dokunan bir itirafıdır.

Baba! Baba!
Işıkta mükemmel olan Babam,
Sen her şeyi gerçekten seversin!
İlk kez seninle ayak bastığım toprak
ve yaratılışlarından bu yana insanlar
şimdi öylesine yozlaştılar.

Şimdi beni niçin gönderdiğini
insanların yozlaşmış yüreklerinden gelen
bunca zorluğu niçin çektiğimi
ve neden görkemle dolu göklerden kopup
bu yere geldiğimi
anlıyorum.
Artık tüm yüreğimle,
tüm bu şeyleri
hissediyor ve idrak ediyorum.

Fakat Baba!

Adaletin ve gizli sırlarınla
her şeyi yeniden canlandıracağını
biliyorum.
Baba!
Tüm bu şeyler, bir anlık!
Ama bana verdiğin görkeminle,
ışığın yolunu,
bu insanlara açacaksın.
Baba, umut ve sevinçle
bu çarmıhı taşıyorum.

Baba, iznin ve sevginle,
bu yol ve ışığı
açacağına
ve tüm bu şeyler birazdan sonlandığında,
Oğlu'nu güzelim ışıklarla
aydınlatacağına olan imanımla
bu yolda ilerleyebiliyorum

Baba!
Üzerine bastığım toprak
ve üzerlerinde yürüdüğüm yollar
altındandı.
İçime çektiğim çiçeklerin kokusu
yeryüzündekilerle mukayese bile edilmezdi.
Kuşandığım giysilerin malzemeleri
buradakilerden çok farklıydı.
Yaşadığım yer ise,
Öylesine görkemle dolu bir yerdi.

Göksel Egemenlik II

Bu insanların da
o güzelim ve huzur dolu yeri
bilmelerini arzuluyorum.

Baba,
Takdiri ilahini sonuna kadar anlıyorum.
Niçin beni doğurttuğunu,
niçin bu vazifeyi bana verdiğini
ve niçin bu yozlaşmış topraklara
ayak basıp yeryüzüne gelmemi
ve yozlaşmış insanların
akıllarından geçenleri okumamı
sağladığını anlıyorum.
Kusurdan noksan tüm bu şeyler,
sevgin ve yüceliğin için
Baba, sana övgüler olsun!

Sevgili Babam!
İnsanlar kendimi savunmadığımı
ve Yahudilerin kralı olduğumu
iddia ettiğimi düşünüyorlar.
Fakat Baba,
Yüreğimden taşan anıları,
Baba için yüreğimden taşan sevgiyi,
Tüm bu insanlar için yüreğimden
taşan sevgiyi nasıl kavrayabilirler?

Baba,
Ben gittikten sonra

bir armağan olarak sunacağın
Kutsal Ruh yoluyla
Pek çok insan ileride olacak şeyleri
kavrayıp anlayacaklar.
Bu anlık acı sebebiyle,
Baba, gözyaşları dökme
ve bana yüzünü çevirme!
Yüreğinin acıyla dolmasına
izin verme, Baba!

Baba, seni seviyorum!
Çarmıha gerilip kanımı dökene
ve son nefesimi verene kadar
tüm bu şeyleri ve insanların yüreklerini düşüneceğim, Baba.

Baba, üzülme!
Ama Oğlun yoluyla yüceltil!
Baba'nın takdiri ilahisi ve planları
sonsuza tek bütünüyle yerine gelecektir.

İsa, çarmıhtayken aklından neler geçtiğini anlatıyordu – göksel egemenliğin görkemi, Baba'nın önünde duran Kendisi, insanlar, Baba'nın O'na niçin bu görevi verdiği gibi.

Rab'bin şatosuna davet edilenler bunları dinlerken gözyaşları döker, kendilerinin yerine çarmıha gerilen Rab'be gözyaşları içinde şükranlarını sunar ve "Rab'bim, sen benim gerçek Kurtarıcımsın!" diyerek tüm yürekleriyle minnetlerini belirtirler.

Rab'bin başından geçen zorlukların anısına Tanrı, Rab'bin şatosunda pek çok değerli taştan yollar yapmıştır. İnsanlar, pek çok değerli taş ve renklerle donatılmış yollarda yürüdükleri vakit, ışıklar daha da parlar ve su üzerinde yürürmüş hissini uyandırır. İlaveten, insanları günahlarından kurtarmak için çarmıha gerilmenin anısına Baba Tanrı, üzerinde kan olan tahtadan bir haç yapmıştır. Ayrıca Beytlehem'de Rab'bin doğduğu ahırı hatırlatan bir ahır, Rab'bin hizmetlerini hatırlatan pek çok başka şey daha vardır. İnsanlar buraları ziyaret ettiklerinde, Rab'bin işlerini canlı bir şekilde görebilir ve duyabilir, dolayısıyla Rab'bin ve Tanrı'nın sevgisini çok daha derinden hisseder ve yücelterek sonsuz şükranlarını sunarlar.

4. Yeni Yeruşalim Sakinlerinin Görkemi

Yeni Yeruşalim, göksel egemenlik te ki en güzel yerdir ve yüreklerinde kutsal olabilmeyi, Tanrı'nın evinin her yerinde sadık olabilmeyi başaranlara ödül olarak verilir. Vahiy 21:24-26 ayetleri bizlere Yeni Yeruşalim'e girenlerin aldığı görkemlerin tiplerinden bahseder:

> *"Uluslar kentin ışığında yürüyecekler. Dünya kralları servetlerini oraya getirecekler. Kentin kapıları gündüz hiç kapanmayacak, orada gece olmayacak. Ulusların görkemi ve zenginliği oraya taşınacak."*

Kentin ışığında yürüyen uluslar

Burada "uluslar", etnik kökenlerine bakılmaksızın kurtulan tüm insanları içine alır. Her ne kadar insanların vatandaşlıkları, ırkları ve diğer özellikleri birbirlerinden farklı olsa da, İsa Mesih yoluyla kurtulmuşlarsa hepsi göksel egemenliğin vatandaşları olarak Tanrı'nın çocukları sayılırlar.

Dolayısıyla "kentin ışığıyla yürüyen uluslar" ibaresi, Tanrı'nın görkeminin ışığıyla yürüyen Tanrı çocuklarını kasteder. Ancak Tanrı'nın tüm çocukları Yeni Yeruşalim Kentine ellerini kollarını sallayarak girebilecekleri görkeme sahip olmazlar. Çünkü göksel egemenliğin cennet, birinci, ikinci ve üçüncü katlarında yaşayanlar, Yeni Yeruşalim kentinin içine ancak davetiye ile girebilirler. Ancak yürekleri tamamen kutsallaşan ve Tanrı'nın evinin her yerinde sadık olabilenler, Baba Tanrı'yı yüz yüze görebilecekleri Yeni Yeruşalim Kenti ile onurlandırılırlar.

Dünya kralları servetlerini oraya getirecek

"Dünya kralları" ibaresinden kasıt, yeryüzünde ruhani liderler konumunda olanlardır. Yeni Yeruşalim'in on iki temelinin yapıldığı on iki değerli taş gibi parlarlar ve sürekli olarak Kentte yaşama yetkinliğine sahiptirler. Aynı şekilde Tanrı tarafından onaylananlarda Tanrı'nın önünde durduklarında tüm yürekleriyle hazırladıkları sunuları getireceklerdir. "Sunular"dan kasıt, bir kristal gibi saf ve berrak yürekleriyle Tanrı'yı yücelttikleri her şeydir.

Bu yüzden "dünya kralları servetlerini oraya getirecek" demek, Tanrı'nın egemenliği için gayretle çalıştıkları, Tanrı'yı yücelttikleri her şeyi sunu olarak hazırlayacakları ve onlarla Yeni Yeruşalim'e girecekleri anlamına gelir.

Yeryüzünün kralları, daha büyük ve güçlü ulusların krallarının gönüllerini okşamak için onlara sunular sunarlar ama

Tanrı'ya sunu, kendilerini kurtuluş ve sonsuz yaşamanın yoluna taşıdığı için bir şükran sunusu olarak verilir. Tanrı, bu sunuyu memnuniyetle kabul eder ve onların Yeni Yeruşalim Kentinde sonsuza dek yaşamalarına izin vererek onurlandırır.

Yeni Yeruşalim'de karanlık yoktur çünkü ışığın bizzat Kendisi olan Tanrı orada ikamet eder. Gece, kötülük, ölüm veya hırsızlık olmadığından, Yeni Yeruşalim'in kapılarını kapamaya gereksinim yoktur. Kutsal yazıların "gündüz" demesinin sebebi, gökleri tam anlamıyla anlayabilmek için sınırlı bilgi ve kapasiteye sahip olmamızdan dolayıdır.

Ulusların görkemi ve zenginliği oraya taşınacak

Öyleyse, "Ulusların görkemi ve zenginliği oraya taşınacak" yazılmasının anlamı nedir? Burada "onlar", yeryüzünde ki uluslardan kurtulan herkesi ve "Ulusların görkemi ve zenginliği oraya taşınacak" demek ise, yeryüzünde İsa Mesih'in güzel kokusunu yayan kişilerin, Tanrı'yı yücelttikleri şeylerle Yeni Yeruşalim'e gelecekleri anlamına gelir.

Bir çocuk çok çalıştığı ve notlarını yüksek tuttuğu zaman ebeveynlerinin övünç kaynağı olur. Anne-babası ondan dolayı sevinç duyarlar çünkü en iyi notu almasa bile çocuklarının çalışkanlığından gurur duyarlar. Aynı şekilde, yeryüzünde Tanrı'nın egemenliği için imanla hareket ettiğimiz ölçüde İsa Mesih'in kokusunu yayarız ve O'da bunu sevinçle karşılar.

Yukarıda "dünya kralları servetlerini oraya getirecek" denilmiştir çünkü Tanrı'nın önüne getirilecek insanların ruhani şeref, rütbe ve derecesi gösterilmek istenmiştir.

Tıpkı güneş gibi parlayan bir görkemle sonsuza dek

Büyüleyici Görünüş

Yeni Yeruşalim'de kalmaya yetkin olan insanlar, öncelikle Tanrı'nın önüne çıkacaklardır ve onları görkem oranlarına göre tüm uluslardan kurtulanlar izleyecektir. Sonsuza dek Yeni Yeruşalim'de yaşama yetkinliğine sahip değilsek, ancak kenti zaman zaman ziyaret edebileceğimizi anlamalıyız.

Yeni Yeruşalim'e asla giremeyecek olanlar

Sevgi Tanrı'sı herkesin kurtuluşa nail olmasını, hepsini yaptıkları işlere göre göksel yerler ve armağanlarla ödüllendirmeyi arzular. Bu sebeple Yeni Yeruşalim'e girme yetkinliğine sahip olmayanlar imanlarına göre göksel egemenliğin üçüncü, ikinci ya da birinci katına veya cennete gireceklerdir. Tanrı, Kentin ihtişamının keyfine varsınlar diye şölenler düzenleyecek ve onları bu şölenlere davet edecektir.

Ancak Tanrı, onlara merhamet etmiş olsa dahi, Yeni Yeruşalim'e asla giremeyecek olan insanlarda vardır. Yani kurtuluşa nail olmayanlar, Yeni Yeruşalim'in görkemini asla göremezler.

"Oraya murdar hiçbir şey, iğrenç ve aldatıcı işler yapan hiç kimse asla girmeyecek; yalnız adları Kuzu'nun yaşam kitabında yazılı olanlar girecek" (Vahiy 21:27).

Burada "murdar" kelimesinden kasıt, başkalarını yargılayıp suçlayan, kendi çıkar ve menfaatlerini düşünerek şikâyet edenlerdir. Bu tarz bir insan, insanları anlamak yerine, kendi istek ve iradesi doğrultusunda bir hâkim rolünü üstlenir ve başkalarını suçlar. "İğrenç" kelimesi, kararsızlığın iğrenç yüreğinden gelen her türlü eylemi içerir. Böyle insanların kaprisli ve dönek yürekleriyle düşünceleri olduğundan, sadece dualarının karşılığını aldıklarında şükranlarını sunarlar ama sınamalarla yüzleştiklerinde kısa zamanda tekrar şikâyet edip sızlanmaya başlarlar. Aynı şekilde utançla dolu yüreklere sahip olanlar, vicdanlarını aldatır ve kendi çıkarlarının peşi sıra gitmek uğruna fikirlerini değiştirmekten kaçınmazlar.

"Aldatıcı" insan, kendini ve vicdanını aldatan insandır ve bu çeşit bir aldatmanın şeytanın tuzağı olduğunu anlamak zorundayız. Yalan söylemeyi adet haline getirmiş insanlarla, başkalarının iyiliği için yalan söyleyenler vardır ama Tanrı bizden bu tür yalanları bile söküp atmamızı ister. Yanlış beyanatlar vererek bazı insanlara zarar veren insanlar vardır ve diğerlerini şeytani bir niyetle aldatan bu tip insanlar kurtulamayacaklardır. İlaveten, Kutsal Ruh'u veya Tanrı'nın işlerini aldatanlar "aldatıcı" sayılacaklardır. İsa'nın on iki elçisinden biri olan Yahuda İskariot para torbasından sorumluydu ve hazineden çalarak Tanrı'nın işlerinde aldatmaya devam etti ve başka günahlarda işledi. Şeytan sonunda onun içine girdiğinde, İsa'yı otuz gümüşe sattı ve sonsuza dek terk edildi.

Hasta insanların iyileştirildiğini ve Tanrı'nın gücüyle ve Kutsal ruh'un yardımıyla cinlerin kovulduğunu gören bazı insanlar vardır ama bu işleri yinede inkâr eder ve bu işlerin şeytanın işleri olduğunu söylerler. Bu insanlar göksel egemenliğe giremezler çünkü Kutsal Ruh'a küfür etmiş ve O'na karşı konuşmuşlardır. Tanrı'nın önünde hiçbir koşulda aldatmamalı ve yalan söylememeliyiz.

Yaşam Kitabından adlarının silinmesi

İmanla kurtulduğumuz vakit, adlarımız Kuzu'nun Yaşam Kitabına yazılır (Vahiy 3:5). Ancak bu, İsa Mesih'i kabul eden herkesin kurtulacağı anlamına gelmez. Sadece Tanrı'nın sözüne göre yaşadığımız ve yüreklerimizin sünnetini gerçekleştirerek Rab'bin kalbini yansıttığımız zaman gerçekten kurtuluruz. Eğer İsa Mesih'i kabul ettikten sonra hala gerçek dışılığın içinde yaşıyorsak, adlarımız Yaşam Kitabından silinir ve sonunda kurtuluşa nail olamayız.

Bununla ilgili Vahiy 22:14-15 bizlere kaftanlarını yıkayanların kutsanacağını ve yıkamayanların kurtulamayacağını anlatır:

> *"Kaftanlarını yıkayan, böylelikle yaşam ağacından yemeye hak kazanarak kapılardan geçip kente girenlere ne mutlu! Köpekler, büyücüler, fuhuş yapanlar, adam öldürenler, putperestler, yalanı sevip hile yapanların hepsi dışarıda kalacaklar."*

Burada "köpekler" den kasıt, mütemadiyen gerçeğe aykırı yaşayanlardır. Kötü davranışlardan uzaklaşmayan ama buna devam eden kişiler asla kurtulamazlar. Temizlendikten sonra pisliğine ve çamurda yuvarlanmaya geri dönen köpekler gibidirler. Çünkü kötülükleri kendilerinden uzaklaştırmış ve daha iyi kişilermiş gibi görünür ama kötü davranışlarını sürdürmeye ve kötülüğe geri dönmeye devam ederler.

Ancak Tanrı, tam anlamıyla Tanrı sözüne göre davranışlar sergilemiyorlarsa bile iyi olmak için mücadele verenleri bilir. Nihayetinde onlar kurtulacaklardır çünkü hala değişmektedirler ve Tanrı onların bu çabalarını iman olarak sayar.

"Büyücüler", "maji ile uğraşan" kişilerdir. Onlar nefret uyandırıcı davranışlar sergiler ve başkalarının sahte tanrılara inanmasını sağlarlar. Bu Tanrı'nın nazarında çok ama çok nefret uyandırıcı bir davranıştır.

"Fuhuş yapanlar", evli olmalarına rağmen zina yapanlardır. Sadece fiziksel zina yoktur ama ayrıca her hangi bir şeyi Tanrı'dan çok daha fazla seven ruhani zina da vardır. Eğer bir kişi çok canlı bir şekilde Yaşayan Tanrı'yı tecrübe edinmiş ve O'nun sevgisini kavramışsa ama hala Tanrı'dan ziyade para ve ailesi gibi dünyevi şeylere sevgisini yöneltiyorsa bu kişi ruhani zina işler ve Tanrı'nın önünde doğru bir davranış değildir.

"Adam öldürenler", fiziksel ve ruhani katillerdir. Eğer "adam öldürmenin" ruhani anlamını biliyorsanız, büyük bir ihtimalle yürekli bir şekilde hiçbir zaman hiçbir kimseyi öldürmediğinizi söyleyemezsiniz. Ruhani adam öldürme, Tanrı'nın çocuklarının günah işlemesine ve ruhani yaşamlarını kaybetmelerine neden olurlar (Matta 18:7). Eğer her hangi bir şekilde gerçeğe aykırı davranıp bir kimsenin acı çekmesine neden olursanız, bu da ruhani adam öldürmedir (Matta 5:21-22).

Ayrıca nefret, çekememezlik, kıskançlık, yargılamak, suçlamak, öfkelenmek, aldatmak, yalan söylemek, anlaşmazlık, bölücülük, iftira, sevgisiz ve merhametsiz olmak, ruhani adam öldürmedir (Galatyalılar 5:19-21). Kendi kötülükleri yüzünden gittikleri yoldan sapan insanlar da vardır. Örneğin, kilisede bir kişi yüzünden hayal kırıklığına uğrayıp Tanrı'yı terk ediyorlarsa, bu onların kendi kötülüklerinden kaynaklanır. Eğer gerçekten Tanrı'ya inanmış olsalardı, gittikleri yoldan asla dönmezlerdi.

"Putperestler", Tanrı'nın en çok nefret ettiği şeylerden biridir.

Büyüleyici Görünüş

Bir fiziksel bir de ruhani puta-tapınma vardır. Fiziksel putatapınma, ilahlar yaparak onlara tapınmaktır (Yeşaya 46:6-7). Ruhani puta-tapınma, Tanrı'dan daha fazla sevdiğiniz her şeydir. Eğer bir kişi, kendi çıkarları doğrultusunda eşini veya çocuklarını, parayı, ünü veya bilgisini Tanrı'dan daha fazla severek Tanrı'nın emirlerini çiğniyorsa, bu, ruhani puta-tapınmadır.

Bu tür insanlar, her ne kadar "Ya, Rab! Ya, Rab!" diye haykırsalar ve kiliseye gitseler de, kurtulamaz ve göksel egemenliğe giremezler çünkü Tanrı'yı sevmezler.

Bu sebeple, İsa Mesih'i kabul ettiyseniz, Kutsal Ruh'u Tanrı'nın bir armağanı olarak aldıysanız ve adınız Kuzu'nun Yaşam Kitabına yazıldıysa, ancak Tanrı'nın sözüne göre davranışlar sergileyerek göksel egemenliğe girebileceğinizi ve Yeni Yeruşalim'e doğru ilerleyebileceğinizi lütfen aklınızda tutun.

Yeni Yeruşalim, sadece tamamıyla yüreklerinde kutsallaşabilenlerin ve Tanrı'nın evinin her yerinde sadık olabilenlerin girebileceği bir yerdir.

Yeni Yeruşalim'e girebilenler Tanrı ile yüz yüze gelebilir, O'nunla hoş sohbetler edilebilir ve hayal bile edilemez şeref ve görkeme sahip olabilirler; cennete, göksel egemenliğin birinci, ikinci ve üçüncü katına girenler, Baba Tanrı tarafından verilen şölenler de dâhil olmak üzere Yeni Yeruşalim Kentine ancak davetiyeyle girebilirler.

8. Bölüm

Kutsal Kent Yeni Yeruşalim'i Gördüm

1. Hayal Edilemeyecek Boyutlarda ki Göksel Evler
2. Tam Bir Mahremiyetle Olağanüstü Bir Şato
3. Göklerin Görülmeye Değer Yerleri

> *"Benim yüzümden insanlar size sövüp zulmettikleri, yalan yere size karşı her türlü kötü sözü söyledikleri zaman ne mutlu size! Sevinin, sevinçle coşun! Çünkü göklerdeki ödülünüz büyüktür. Sizden önce yaşayan peygamberlere de böyle zulmettiler."*
>
> - Matta 5:11-12 -

Yeni Yeruşalim Kentinde, Tanrı'nın yüreğini tamamıyla yansıtan insanlar ileride yaşasınlar diye göksel evler inşa edilmektedir. Bu evler, sahiplerinin zevklerine göre, inşaattan sorumlu başmelekler ve melekler tarafından Rab'bin gözetiminde inşa edilmektedirler. Bu, sadece Yeni Yeruşalim'e girecek olanların tadına varacağı bir imtiyazdır. Bazen ise bir ev tam anlamıyla sahibinin zevkleriyle örtüşsün diye, Tanrı'nın bizzat kendisi özellikle belli bir kişi için başmeleğe bir ev inşa etmesini buyurur. Kendi göksel egemenliği için bir damla gözyaşı döken hiçbir çocuğunu unutmaz ve onları güzel ve kıymetli taşlarla ödüllendirir.

Matta 11:12'de Tanrı, bizlere ruhani savaşı kazandığımız ve iman da olgunlaştığımız ölçüde göklerde güzel bir yere sahip olacağımızı net bir şekilde anlatır:

> *"Vaftizci Yahya'nın ortaya çıktığı günden bu yana Göklerin Egemenliği zorlanıyor, zorlu kişiler onu ele geçirmeye çalışıyor."*

Sevgi Tanrı'sı uzun yıllardır bizlere gökleri zorlayarak ilerlememiz için öncülük etmekte ve Yeni Yeruşalim'in göksel evlerini net bir şekilde göstermektedir çünkü göklerde bizlere yerlerimizi hazırlamak için giden Rab'bimizin geri geleceği gün yakındır.

1. Hayal Edilemeyecek Boyutlarda ki Göksel Evler

Yeni Yeruşalim'de hayal edilemeyecek boyutlarda göksel evler vardır. Onların arasında çok geniş bir alana inşa edilmiş olan güzel ve olağanüstü bir ev yer alır. Bu yerin merkezinde yuvarlak, devasa ve güzel üç katlı bir şato vardır ve bu şatonun çevresinde pek çok bina ve dünyanın en ünlü turist merkezlerine andıran eğlence parkları vardır. En şaşırtıcı olanı ise bu şehir misali göksel ev, yeryüzünde yetiştirilen bir kişiye aittir.

Yumuşak huylu olanlar yeryüzünü miras alacaklarından kutsanacaklar

Eğer bu dünya da mali yönden yetkin olsaydık büyükçe bir araziyi satın alabilir ve istediğimiz gibi bir evi inşa ettirirdik. Ancak göklerde ne toprak satın alabilir ne de bina inşa ettirebiliriz çünkü Tanrı, yaptığımız işlere göre bizi toprak veya evle ödüllendirir.

Matta 5:5 şöyle der, *"Ne mutlu yumuşak huylu olanlara! Çünkü onlar yeryüzünü miras alacaklar."* Yeryüzünde Rab'bi yansıttığımız ve ruhani yumuşak huyluluğu başardığımız ölçüde, göklerde "yeryüzünü miras" alırız. Çünkü ruhani açıdan yumuşak başlı olan, tüm insanları kucaklayabilir ve insanlar da bu kişiye gelir, yanlarında huzur ve rahatlık hissederler. Yüreği alçakgönüllü ve bir tüy gibi yumuşak olduğundan, her durumda bu kişi insanlarla barış içinde olur.

Ama yeryüzüne ödün verir ve diğer insanlarla barış içinde olabilmek adına gerçeğe aykırı davranırsak bu ruhani yumuşak huyluluk değildir. Gerçekten yumuşak huylu olan kişi, herkesi yumuşak ve sıcak bir yürekle kucaklamakla kalmaz, ama ayrıca gerçek için kendi hayatını riske edecek kadar cesur ve güçlü olurlar.

Bu çeşit bir insan, pek çok insanın kalbini kazanır ve onları kurtuluş yoluna taşıyarak göklerde çok iyi bir yere girmelerini sağlar çünkü o kişi de sevgi ve yumuşaklık vardır. Bu yüzden bu kişi göklerde büyük bir eve sahip olabilir. Bu yüzden aşağıda anlatılan ev gerçekten yumuşak huylu bir insana aittir.

Şehir misali ev

Bu evin tam ortasında pek çok değerli taş ve altınla donatılmış bir şato vardır. Kubbesi kırmızı akiktendir ve ışıl ışıl parlar. Parlak ve ışıl ışıl şatonun çevresinden Tanrı'nın tahtından gelen Yaşam Suyu Irmağı akar ve pek çok bina onu bir metropolis olarak gösterir. Ayrıca altın ve değerli taşlarla süslenmiş eğlence parkı trenleri vardır.

Geniş arazinin bir yanında ormanlar, düzlükler ve büyük bir göl yer alır ve diğer yanında ise çeşit çeşit çiçeklerle ve şelalelerle bezenmiş uzayıp giden tepeler vardır. Ayrıca deniz ve bu denizin sularında yüzen *Titanik* misali bir yolcu gemisi bulunur.

Şimdi bu görkemli evi gezinelim. Dörtkenarın da on iki kapı mevcuttur ve şimdi tam ortada ki şatoyu görebildiğimiz ana kapıdan içeri girelim.

Ana kapı pek çok değerli taşla süslenmiştir ve iki melek tarafından korunur. Bu melekler, maskülen ve güçlü görünüşlüdür. Gözlerini hiç kırpmadan dururlar ve aşikâr asaletleri onları emsalsiz kılar.

Kapının her iki tarafında da yuvarlak, güzel ve büyük sütunlar vardır. Surlar, sonsuz gibi görünen değerli taş ve çiçeklerle bezenmiştir. Meleklerin eşliğinde girilen kapı otomatik olarak açılır ve uzaktan görülen şatonun çatısından üzerinize düşen kırmızı akik taşının güzel ışıkları ışıl ışıl parlar.

Ayrıca pek çok değerli taşla donatılmış farklı boyutlarda ki evlere bakarak, sizleri yaptıklarınızın karşılığında 30, 60 veya 100 kez daha fazla ödüllendiren Tanrı'nın sevgisi karşısında derinden duygulanmaktan kendinizi alamazsınız. Sizi kurtuluş yoluna taşıyan ve sonsuz yaşamı sunan tek ve yegâne Oğlu'nu verdiği için şükranla dolarsınız. Tüm bunların üzerinde sizler için öylesine güzel göksel evler hazırlamıştır ki yüreğinizden minnet ve sevinç duyguları taşar.

Ayrıca şatonun çevresinden tatlı, berrak ve güzel bir ilahi çevreye yayılır ve kelimelerle ifade edilemeyecek bir huzur ve mutluluk tüm ruhunuzu kaplar ve duygu yoğunluğu içinde kendinizi bulursunuz:

Mezmurlardan daha tatlı bir melodi
bu gece ruhumun derinliklerinden yükselir.
Göklerden,
canıma sonsuz huzur veren bir ezgi düşer.
Huzur! Huzur! Güzeller güzeli huzur
yükseklerde ki Baba'dan gelen!
Sevginin verdiği büyük mutluluğun
engin sularında sonsuza dek
ruhumun üzerinde olması için,
dua ediyorum.

Bir cam gibi berrak altın yollar

Şimdi altından yolların üzerinde yürüyerek ortada ki büyük şatoya gidelim. Ana kapıdan girerken, yolun iki yanında iştah kabartıcı değerli taştan meyve ile altından ve değerli taşlardan ağaçlar ziyaretçileri karşılar. Ziyaretçiler böylece bir meyveyi koparırlar. Tüm bedene enerji ve sevinç veren meyve, ağızda erir.

Altından yolların iki yanında boy boy ve renk renk çiçekler kokularıyla ziyaretçileri selamlayarak karşılarlar. Onların hemen gerisinde güzel bir bahçenin tamamladığı altından çimenler ve çeşitli ağaçlar uzanır. Güzelim gökkuşağı renklerine andıran çiçekler, ışık saçıyorlarmış gibi dururlar ve her çiçek kendine özgü kokusunu yayar. Bu çiçeklerin bazılarında kelebek gibi böcekler vardır ve birbirleriyle sohbet ederler. Parlak dallarının ve yapraklarının arasından pek çok iştah kabartıcı meyve sallanır. Altından tüyleri olan pek çok kuş bu ağaçlara tüner ve manzarayı daha huzurlu ve mutlu bir hale sokar. Barış içinde kükreyerek gezinen başka hayvanlarda vardır.

Buluttan araba ve altından vagon

Şimdi ikinci kapının önünde duruyorsunuz. Ev öylesine büyüktür ki ana kapının içersinde bir başka kapı daha vardır. Gözlerinizin önünde garaja andıran büyük bir yer belirir ve orada pek çok buluttan araba ve altından vagonları görürsünüz. Bu inanılmaz manzara karşısında oldukça etkilenirsiniz.

Kocaman pırlanta ve değerli taşlarla süslenmiş altından vagon, bu evin sahibi içindir ve tek kişilik oturma yeri vardır. Vagon hareket etmeye başladığında ışıldayan değerli taşlar yüzünden tıpkı kayan bir yıldız gibi parlar. Hızı ise buluttan arabalardan daha süratlidir.

Buluttan araba, saf ve beyaz bulutlar ve çeşit çeşit renkte ışıklarla çevrelenmiştir ve dört tekerleğiyle kanatları vardır. Araç, yerdeyken tekerlekler üzerinde yol alır ve uçtuğunda ise tekerlekleri kalkarak yerine özgürce uçabileceği kanatlar alır.

Göksel egemenlikte Rab ile birlikte meleklerin ve göksel varlıkların eşlik ettiği buluttan arabalarla birçok yere seyahat edebilme yetkinliği ve şerefi ne kadar yücedir? Eğer Yeni Yeruşalim'e giren herkes, buluttan bir arabayla ödüllendirilmiş olsaydı, garajında sayısız buluttan araba olan bu evin sahibinin ne kadar daha fazla ödüllendirilmiş olduğunu hayal edebiliyor musunuz?

Ortada ki büyük şato

Buluttan bir arabayla devasa ve güzel şatoya vardığınızda, kırmızı akikten çatısı olan üç-katlı binayı görebilirsiniz. Bu bina öylesine büyüktür ki yeryüzünde ki hiçbir binayla mukayese bile edilemez. Şato, parlak ışıkları saçarak kendi etrafında yavaşça dönüyormuş izlenimini bırakır ve bu parlak ışıklar şato sanki canlıymış hissini uyandırır. Saf altın ve yeşim, mavimsi renkte saydam ve berrak altından ışıklar saçarlar. Ancak içini göremezsiniz. Surların çevresinde ki duvar ve çiçekler, kelimelerin ifade etmekte kifayetsiz kaldığı mutluluk ve sevinç katarak güzel kokular yayarlar. Farklı renklerde ki çiçekler, muazzam bir manzara oluşturur ve kokuları da onları tamamlar.

Peki, öyleyse Tanrı'nın böylesine muazzam bir araziyi, güzel ve büyük bir evi hazırlamasının asıl sebebi nedir? Çünkü Tanrı,

Kutsal Kent Yeni Yeruşalim'i Gördüm

yeryüzünde Tanrı'nın egemenliği ve doğruluğu için çalışmış olan
Çocuklarını asla unutmaz ve onları bolca ödüllendirir.

Sevdiğimde
tekrar ve tekrar sevinçle dolarım
Bu kişi beni öylesine sevdi ki
her şeyini verdi.
Beni ebeveynlerinden ve kardeşlerinden
çok daha fazla sevdi.
Öz çocuklarını esirgemedi
ve yaşamını değersiz addederek
benim için vazgeçti.

Gözleri hep üzerime odaklandı.
Sözümü bütünüyle dinledi.
sadece benim görkemimi aradı.
Haksız çile altında dahi
Sadece bana şükranlarını sundu.
Zulümlerin ortasında
kendisine zulmedenler için
sevgiyle dua etti.
İhanete uğradığında dahi
kimseye sırtını dönmedi.
Dayanılmaz üzüntülere rağmen
sevinçle vazifelerini yerine getirdi.
Pek çok canı kurtardı,
Yüreğime dayanarak
isteklerimi tamamıyla yerine getirdi.

Benim isteklerimi yerine getirdiği
ve beni çok sevdiği için
Yeni Yeruşalim'de ki
bu devasa ve görkemli evi
onun için hazırladım.

2. Tam Bir Mahremiyetle Olağanüstü Bir Şato

Gördüğünüz gibi özellikle Tanrı tarafından oldukça sevilen kişilerin evlerinin yapımında Tanrı'nın dokunuşu vardır. Dolayısıyla bu evler, güzellik ve görkemin ışığı bakımından, Yeni Yeruşalim'de ki diğer evlerden daha farklıdır.

Merkezin ortasında ki büyük şato, ev sahibinin tam bir mahremiyetin keyfini çıkardığı yerdir. Gözyaşları içinde Tanrı'nın egemenliğini gerçekleştirmek için yaptığı işlerin ve duaların, özel hayatı olmadan gece-gündüz canlara göz kulak olmasının bir karşılığıdır.

Şatosunun genel yapısı, şatonun merkezinde bir ana ev içerir ve şatonun iki kattan oluşan duvarları vardır. Merkezdeki ana evle dış duvarlar arasında kalan orta kısımda ilave bir duvar daha bulunur. Dolayısıyla tüm şato, ana evden merkez duvara ve merkez duvardan dış duvara olmak üzere iç ve dış şato diye ikiye ayrılır.

Dolayısıyla bu şatonun ana evine ulaşmak için önce ana kapıyı ve sonra ortada yer alan duvarın kapısını geçmemiz gerekir. Dış duvarda pek çok kapı bulunur ve ana evin ön tarafının hizasında yer alan kapı, ana kapıdır. Ana kapı çeşitli taşlarla süslenmiştir ve iki melek tarafından korunur. Bu melekler, maskülen ve güçlü görünüşlüdür. Gözlerini hiç kırpmadan dururlar ve açık asaletleri onları emsalsiz kılar.

Kapının her iki tarafında da yuvarlak, güzel ve büyük sütunlar vardır. Surlar değerli taş ve çiçeklerle bezenmiştir ve sonu görülemeyecek kadar uzundur. Meleklerin eşliğinde girilen kapı otomatik olarak açılır, parlak ve güzel ışıklar üzerimizde parlar. Ayrıca bizi doğrudan ana kapıya götüren kristal misali altından bir yol vardır.

Altından yoldan geçince ikinci kapıya ulaşırız. Bu kapı, iç ve dış şatoyu birbirinden ayıran orta duvarın bulunduğu yerde yer alır. Bu ikinci kapıyı da geçince yeryüzündeki devasa büyüklükte bir otoparka andıran bir yer çıkar. Burada sayısız buluttan otomobil park etmiştir. Ayrıca bu otomobillerin arasından altından bir savaş arabası vardır.

Bu şatonun ana evi, yeryüzündeki herhangi bir binadan daha büyüktür. Üç katlı bir binadır. Binanın her bir katı silindir şeklindedir ve bir kattan diğerine çıkarken katların alanı giderek küçülür. Çatısı soğan şeklindedir.

Ana kapının duvarları saf altın ve yeşimdendir. Dolayısıyla mavimsi ışıkla berrak ve saydam altuni ışıklar öylesine harikulade ve ahenk içinde ışıklar yayarlar. Işık öylesine güçlüdür ki evin kendisine yaşıyor ve hareket ediyor izlenimi verir. Tüm bina parlak ışıklar yayar ve yavaşça dönüyor gibi görünür.

Şimdi bu büyük şatodan içeri girelim!

Şatonun ana evine girmek için geçilen on iki kapı

Ana evin içerisine girmek için on iki kapıdan geçilir. Ana

ev çok büyük olduğundan, bir kapıdan diğerine olan mesafe oldukça uzaktır. Kapılar kemerlidir ve her birinin üzerinde bir anahtarın kabartması bulunur. Anahtar kabartmasının altında kapının adı göksel alfabeyle yazılmıştır. Bu harfler değerli taşlarla yazılmıştır ve her kapı bir değerli taşla süslenmiştir. Onların hemen altında neden o kapıya bu adın verildiği açıklanır. Baba Tanrı, bu evin sahibinin yeryüzünde yaşarken neler yaptığını özetlemiş ve on iki kapıda bunu açıklamıştır.

İlk kapı, 'Kurtuluş Kapısıdır.' Bu kişinin pek çok insanın çobanı nasıl olduğu ve tüm dünyada sayısız insanı kurtuluşa nasıl yönlendirdiğiyle ilgili bir açıklama bulunur. Kurtuluş Kapısı'ndan hemen sonra 'Yeni Yeruşalim Kapısı' gelir. Kapı isminin altında, ev sahibinin pek çok insanı Yeni Yeruşalim'e yönlendirmesiyle ilgili açıklama vardır.

İkincisi 'Gücün Kapılarıdır.' Öncelikle gücün dört seviyesi için dört kapı vardır ve bunlarından ardından Yaratılışın Gücünün Kapısı ile Yaratılışın En Yüksek Gücünün kapıları gelir. Bu kapıların üzerinde her bir gücün pek çok insana nasıl şifa olduğu ve Tanrı'yı yücelttiği hakkında açıklamalar vardır.

Dokuzuncu kapı 'Vahiy kapısıdır' ve bu kapının üzerinde sahibinin aldığı pek çok vahiyle İncil'i net anlatımıyla ilgili açıklamalar vardır. Onuncu kapı 'Başarılar Kapısıdır.' Büyük Tapınağın inşası gibi başarılar kutlanır.

On birinci kapı 'Dua Kapısıdır.' Bu kapı, ev sahibinin Tanrı'ya olan sevgisiyle tüm yaşamı boyunca O'nun istemini yeri getirmek için nasıl dua ettiğini, insanlar için nasıl kederlenerek dua ettiğini bizlere anlatır.

Sonuncu ve on ikinci kapı, 'düşman iblis ve Şeytan'a karşı zafer' anlamına gelen bir kapıdır. Sahibinin, düşman iblis ve Şeytan'ın kendisine zarar vermeye çalıştığı ve kendisini yılgınlığa sürüklediği zamanlarda her şeyin üstesinden iman ve sevgiyle geldiğini açıklar.

Duvarlarda ki özel yazı ve desenler

Saf altın ve yeşimden yapılmış duvarlar, yansıyan yazı ve çizimlerden oluşan desenlerle doludur. Kişinin Tanrı'nın egemenliği yüzünden karşılaştığı zulümler ve alaylarla ilgili her detay ve Rab'bi yüceltmek için yaptığı her eylem kayıt edilmiştir. Daha da şaşkınlık uyandırıcı olanı, Tanrı'nın bunları bir şiir şeklinde kazımış olması ve harflerin güzel ve parlak ışıklar vermesidir.

Bu kapılardan birini geçerek şatoya girdiğiniz takdirde, dışarıda gördüklerinizden çok daha güzel şeyler görürsünüz. Değerli taşlardan yayılan ışık, çok daha güzel bir görüntü vererek iki-üç katı daha ışık yayar.

Ev sahibinin yeryüzünde döktüğü gözyaşları, katlandığı şeyler ve çabalarıyla ilgili yazılar, evin iç duvarlarına da oyulmuştur ve öylesine ışıl ışıl parlarlar. Tanrı'nın egemenliği için onun içten gece duaları, canlar için kendini içmelik bir sunu olarak vermesinin saf kokusu bir şiir olarak yazılmıştır ve bu yazılar çok güzel ışıklar yayarlar.

Ancak Baba Tanrı, ev sahibi evine vardığında bizzat Kendisi

göstermek üzere yazılarda ki detayların pek çoğunu saklamıştır. Bunun nedeni ona "Bunu senin için hazırladım." diyerek bu yazıları gösterdiğinde, derinden duygu ve gözyaşları içinde Baba'yı yücelten yüreğini teslim almak içindir.

Bu dünyada bile birini sevdiğimiz zaman bazıları o kişilerin adlarını mütemadiyen yazar. Bir not defterine ya da günlüğe, plajda kum üzerine yazar veya ağaç ve kaya üzerine kazırlar. Sevgilerini nasıl ifade edeceklerini bilmediklerinden sürekli sevdikleri kişinin adını yazarlar.

Benzer şekilde, üzerinde üç kelime bulunan altından bir kare levha vardır. O üç kelime şunlardır: 'Baba', 'Rab' ve 'Ben'. Evin sahibi Baba'ya ve Rab'be olan sevgisini başka türlü ifade edemediğinden yüreğinde bu şekilde tezahür bulmuştur.

Birinci katta ki toplantı ve salonlar

Bu şato başkalarına her zaman açık değildir ama şölen ve ziyafetlerin yapıldığı belli zamanlarda açılır. Sayısız insanın bir araya geleceği ve şölene katılacağı muazzam bir salon vardır. Bu yer ayrıca ev sahibinin sevgi ve sevincini paylaştığı, gelen misafirlerle hoş sohbetler yaptığı bir toplantı yeri olarak ta kullanılır.

Salon, daire şeklinde ve bir kenardan diğer sonu göremeyeceğiniz kadar çok büyüktür. Zemin beyazımsı bir renkte ve yumuşaktır. Pek çok değerli taşla bezenmiştir ve ışıl ışıl parlarlar. Salonun tam ortasında odaya biraz daha saygınlık katacak üçlü bir şamdanlık vardır. Ayrıca salona güzellik katan farklı ölçülerde pek çok altından şamdanlık, duvar kenarlarına yerleştirilmiştir. Bunun yanı sıra salonun ortasında yuvarlak bir zemin vardır ve bu zeminin

Kutsal Kent Yeni Yeruşalim'i Gördüm

katmanları üzerine pek çok masa konulmuştur. Davet edilenler bir düzen içinde masalarına yerleşir ve dostane sohbetler yaparlar. Binanın içinde ki tüm dekorasyon, ev sahibinin zevkine göre yapılmıştır ve ışıklarla şekiller öylesine güzel ve zariftir. Onların her birine yerleştirilen değerli taşta, Tanrı'nın dokunuşu vardır ve evin sahibi tarafından verilen bu şölene davet edilmek öylesine bir onurdur.

İkinci Katta ki gizli ve kabul odaları

Bu büyük şatonun ikinci katında pek çok oda vardır ve her oda, Tanrı'nın insanların yaptığı işlere göre ödüller verdiği göklerde tam anlamıyla ifşa ettiği sırları taşır. Müzeye andıran bir odada sayısız farklı çeşitte taçlar bulunur. İçinde altından tacın da olduğu pek çok taç yanı sıra, altın süslemeli taç, kristal taç, inciden taç, çiçeklerden taç ve çeşitli değerli taşlardan yapılmış pek çok başka taç güzel bir şekilde sergilenmiştir. Tanrı'nın egemenliği için başarıyla bir iş yaptığı ve yeryüzünde Tanrı'yı yücelttiği her vakit, bu taçlarla ödüllendirilmiştir ve farklı onur derecesini göstermek amacıyla bu taçların boyut ve şekilleri, kullanılan materyal ve süslemeleri birbirinden ayrıdır. Ayrıca giysi ve mücevherleri koymak amacıyla büyük odalar vardır ve bu odalar özel bir alakayla melekler tarafından muhafaza edilir.

"Dua odası" olarak adlandırılan, süssüz ve kare şeklinde temiz bir oda daha vardır. Bu odanın veriliş sebebi, ev sahibinin yeryüzünde fazlasıyla dua etmiş olmasıdır. Dahası birkaç televizyon setinden meydana gelen bir oda daha vardır. Bu odaya "ıstırap ve matem odası" denir ve bu oda da ev sahibi, dilediği vakit dünyevi yaşamıyla ilgili şeyleri seyredebilir. Tanrı, ev

159

sahibinin hayatının en küçük anını ve olayları muhafaza etmiştir çünkü bu kişi, Tanrı'nın işlerini yaparken ve hizmet ederken muazzam acılar çekmiş ve canlar için pek çok kez gözyaşları dökmüştür. İkinci katta, peygamberleri ağırlamak için güzelce süslenmiş ayrıca bir yer daha vardır. Burada onlarla sevgisini paylaşır ve dostane sohbetler eder. At arabası ve ateşten atlarla göklere alınan İlyas, Tanrı ile 300 sene beraber yürüyen Hanok, imanıyla Tanrı'yı hoşnut eden İbrahim, yeryüzünde herkesten daha alçakgönüllü olan Musa, haddinden tutkulu elçi Pavlus ve diğerleri gibi birçok peygamberle burada buluşabilir, hayatları ve yeryüzünün o vakitte ki şartları hakkında onlarla sohbet edebilir.

Üçüncü kat, Rab ile sevgi paylaşımı için ayrılmıştır

Şatonun üçüncü katı, Rab'bi ağırlamak ve O'nunla mümkün olduğunca uzun ve sevgi dolu sohbetler etmek üzere fevkalade donatılmıştır. Bu yer verilmiştir çünkü ev sahibi Rab'bi her şeyin üzerinde sevmiş, dört İncili okuyarak O'nun eylemlerini yansıtmaya çalışmış ve tıpkı Rab'bin talebelerine hizmet ettiği ve onları sevdiği gibi herkese hizmet etmeye ve herkesi sevmeyi çalışmıştır. Dahası, tıpkı Rab gibi, Tanrı'nın gücünü alarak sayısız canı kurtuluş yoluna taşımak için gözyaşları içinde dualar etmiş ve gerçekten de yaşayan Tanrı'nın sayısız kanıtını ortaya sermiştir. Her ne zaman Rab'bi düşünmüşse, gözlerinden yaşlar boşanmıştır ve samimi bir yürekle Rab'bi özlediği için pek çok gece uyuyamamıştır. Tıpkı tüm gece dua eden Rab gibi, pek çok kez evin sahibi de dua etmiş ve Tanrı'nın egemenliğini tamamıyla gerçekleştirebilmek için elinden gelenin en iyisi için çabalamıştır.

Kutsal Kent Yeni Yeruşalim'i Gördüm

Rab ile yüz yüze gelebilmek ve Yeni Yeruşalim'de sevgiyi
O'nunla paylaşabilmek ne kadar sevinç ve mutluluk verici!

Rab'bimi görebiliyorum!
O'nun gözlerinde ki ışığı kendi gözlerime,
yüzünde ki tatlı tebessümü yüreğime
yerleştirebiliyorum.
Ve tüm bunlar benim için
öylesine büyük bir sevinç kaynağı!

Rab'bim,
Seni öylesine çok seviyorum.
her şeyi gördün
ve her şeyi biliyorsun.
Şimdi sevgimi dile getirebilmekten
Sonsuz bir sevinç duyuyorum.
Seni seviyorum, Rab'bim.
Seni öylesine çok özledim.

Rab ile sohbetler asla yorucu ve sıkıcı olmaz.
Bu sevgiyi alan Baba Tanrı, bu muhteşem evin üçüncü katının iç bölümünü, süslemeleri ve değerli taşları öylesine güzel donatmıştır. Detay ve ihtişam anlatılamaz ve ışıkların ayarı özeldir. Göksel egemenlikte ki evlerin çevresine sadece şöyle bir göz atarak, sizleri yaptığınız eylemelere göre ödüllendiren Tanrı'nın adaletini ve nazik sevgisini hissedilirsiniz.

3. Göklerin Görülmeye Değer Yerleri

Büyük şatonun etrafında başka neler vardır? Eğer bu şehir misali evi sizlere en ince detayına kadar anlatacak olsaydım, bir kitap olurdu. Şatonun çevresinde büyük bir bahçe, ahenkle yükselen ve güzelce süslenmiş pek çok bina vardır. Havuz, eğlence parkı, kır evleri ve opera salonu gibi tesisler, bu evin önde gelen turist merkezi gibi görünmesini sağlar.

Tanrı her şeyi kişilerin eylemlerine göre ödüllendirir

Ev sahibinin böylesi tesislerle dolu bir eve sahip olmasının nedeni, yeryüzündeyken tüm bedenini, zihnini, vaktini ve parasını Tanrı'ya adamış olmasıdır. Sayısız canı kurtuluş yoluna sevk ettiği ve Tanrı'nın kilisesini kurduğu için, Tanrı onu Tanrı'nın egemenliği için yapmış olduğu her şey için ödüllendirir. Tanrı, sadece O'ndan istediklerimizle değil ama yüreklerimizden geçenlerle de bizi ödüllendirmeye muktedirdir. Tanrı'nın yeryüzünde ki en mükemmel mimar veya şehir düzenleyicisinden çok daha mükemmel ve güzelce tasarlayabildiğini ve birlik ve farklılığı aynı anda gösterebildiğini görebiliriz.

Eğer paramız varsa, yeryüzünde istediğimiz bir şeye çoğu zaman sahip olabiliriz. Göklerde ise durum hiçte böyle değildir. İçinde yaşayacağımız ev, giysilerimiz, mücevherlerimiz, taçlarımız ve hatta bize hizmet eden melekler ne satılık ne de kiralıktır. Onlar bizlere ancak imanımızın ölçüsü ve Tanrı'nın egemenliğine olan bağlılığımız neticesinde verilir.

İbraniler 8:5 ayetinin, *"Bunlar göktekinin örneği ve gölgesi olan tapınakta hizmet ediyorlar. Nitekim Musa tapınma* çadırını kurmak üzereyken Tanrı tarafından şöyle uyarıldı: *'Her şeyi sana dağda gösterilen örneğe göre yapmaya dikkat et.'"* dediği gibi, bu dünya göklerin bir gölgesidir ve hayvanların, bitkilerin ve doğanın pek çoğu göklerde de mevcuttur. Ancak yeryüzünde olanlardan çok daha güzeldirler.

Şimdi çeşit çeşit çiçek ve bitkilerle bezenmiş bahçeleri inceleyelim.

İbadet yerleri ve Büyük Tapınak

Şatonun aşağısında ve merkezde, çiçeklerin ve ağaçların muhteşem bir manzara yarattığı oldukça büyük bir avlu vardır. Şatonun her iki yanında, insanların zaman zaman ilahilerle Tanrı'yı yüceltmek için geldikleri büyük ibadet yerleri bulunur. Bu hayal edilemez derecede büyük göksel ev, pek çok tesisle donatılmış ünlü bir turist merkezi gibidir. Evin çevresini baştan aşağı gezmek uzun zaman aldığından insanların dinlenebildiği ibadet yerleri vardır.

Göklerde ibadet, yeryüzünde alışık olduğumuz ibadetten tamamen farklıdır. Formalitelere bağlı olmaz, ama Tanrı'yı yeni ilahilerle yüceltebiliriz. Baba'nın görkemi ve Rab'bin sevgisini söylersek, Kutsal Ruh'un doluluğunu almış gibi tazeleniriz. O zaman yüreklerimizdeki hisler derinleşir, şükran ve sevinçle dolar.

Bu ibadethanelere ek olarak; bu şatoda yeryüzünde var olmuş bir tapınağın benzeri bir bina bulunur. Yeryüzünde yaşarken bu şatonun sahibi, devasa ve büyük bir tapınağı inşa etme görevini almıştır ve aynı tapınak Yeni Yeruşalim'de de yapılmıştır.

Eski Ahit'teki Davut'a oldukça benzer şekilde; bu şatonun sahibi de Tanrı'nın Tapınağına özlem duymuştur. Yeryüzünde pek çok bina vardır, ama esasen Tanrı'nın görkem ve haşmetini gösteren bir bina yoktur. Bu gerçek O'nu hep kederlenmiştir.

Bu kişinin, salt Yaratıcı Tanrı'ya adanmış bir tapınak inşa etmek için muazzam bir arzusu vardı. Baba Tanrı, onun bu arzu dolu yüreğini kabul etti ve o kişiye tapınağın şeklini, ölçüsünü, süslemelerini ve içyapısını detaylıca anlattı. İnsani düşüncelerle mümkün görünmese de, o kişi sadece iman, umut ve sevgiyle hareket etti ve sonunda Büyük Tapınak inşa edildi.

Bu Büyük Tapınak salt devasa ve harikulade bir bina değildir. Tanrı'yı gerçekten seven inanlıların enerjisinin, gözyaşlarıyla billurlaşmış halidir. Bu tapınağın inşa edilmesi için dünyanın hazinelerinin kullanılması gerekiyordu. Ulusların başkanlarının yüreğine tesir edilmeliydi. Ve bunu yapmak için en ihtiyaç duyulan şey, insanın hayal gücünün ötesindeki Tanrı'nın güçlü işleriydi.

Bu şatonun sahibi, böylesi bir gücü almak için bir başına zor ruhani savaşların üstesinden geldi. Sadece iyilik, sevgi ve itaatle imkânsız görünen şeyleri mümkün kılan Tanrı'ya inandı. Hiç durmadan dua etti ve bunun sonucunda Tanrı tarafından sevinçle kabul görülen Büyük Tapınağı inşa etti.

Tüm bu gerçekleri bilen Baba Tanrı, bu kişinin şatosunda Büyük Tapınağın bir taklidini inşa etti. Tabii ki göklerdeki Büyük Tapınak, yeryüzü madenleriyle mukayese edilemeyecek kadar güzel taşlardan ve altından inşa edilmiştir, ama şekli aynıdır.

Sydney Opera binası gibi bir gösteri salonu

Bu şatoda, Avusturalya Sydney Opera Binası'na benzer bir gösteri salonu bulunmaktadır. Baba Tanrı'nın bu şatoya böyle bir

Kutsal Kent Yeni Yeruşalim'i Gördüm

gösteri salonu inşa etmesinin bir nedeni vardır. Bu şatonun sahibi yeryüzünde yaşarken, ilahilerden hoşnut olan Tanrı'nın yüreğini anlayarak gösteri ekipleri organize etmiş, güzel ve görkemli Hristiyan gösteri sanatlarıyla Baba Tanrı'yı oldukça yüceltmiştir.

Bunlar sadece dışa dönük gösteri, beceri ve tekniklerden ibaret olmamıştır. Sanatçılara ruhani açıdan da rehberlik etmiştir ki, yüreklerinin derinliklerinden gerçek bir sevgiyle Tanrı'ya ilahilerle hamt edebilsinler. Tanrı tarafından kabul gören ilahiler sunacak pek çok sanatçı yetiştirmiştir. Bu yüzden Baba Tanrı, güzel bir gösteri salonu inşa etmiştir ki, bu sanatçılar bu şatoda özgürce ve yüreklerinin arzuladığı şekilde becerilerini icra edebilsinler.

Büyük bir göl, bu binanın önünden geçer ve binaya nehrin üzerinde yüzüyormuş hissini verir. Su fıskiyelerinin gölden çektiği su taneleri, değerli taşlara andıran ışıklar vererek düşerler. Gösteri salonunun pek çok değerli taşla süslenmiş muhteşem bir sahnesi ve izleyicileri bekleyen pek çok koltuk vardır. Burada güzel kostümleriyle melekler sahne alır.

Sahne alan melekler, yusufçukların şeffaf kanatları gibi, değerli taşların ışıltılı ışıklarını yayarlar. Her bir hareketleri kusursuz ve mükemmeldir Ayrıca aralarında şarkılar söyleyen ve müzik aletleri çalan meleklerde vardır. Sofistike beceri ve tekniklerle güzel ve hoş melodiler çalarlar.

Ancak becerileri ne kadar iyi olursa olsun, onlardan yayılan koku Tanrı'nın çocuklarının ilahi ve danslarıyla yayılan kokudan tamamen farklıdır. Tanrı'nın çocuklarının yüreklerinde Tanrı için derin bir sevgi ve şükran vardır. İnsanın yetiştirilme süreciyle güzelleşen yürekten gelen koku, Baba Tanrı'yı etkiler.

Yeryüzünde Tanrı'yı ilahilerle hamt etme görevine sahip bu çocukların, göklerde de ilahilerle Tanrı'yı yüceltecekleri pek

165

çok fırsat olacaktır. Eğer ilahilerden sorumlu bir önder Yeni Yeruşalim'e giderse, Opera Binası'na andıran bu gösteri salonunda sanatını icra edebilir. Ve bazen bu yerde icra edilen gösteriler, göğün tüm katlarında canlı olarak yayınlanabilir. Bu yüzden, bu sahnede bir kez yer almak öylesine büyük bir onurdur.

Gökkuşağı renklerinden buluttan köprü

Yaşam Suyu Irmağı, şatoyu çevreleyerek gümüşi ışıklarla parıldayarak akar. Kaynağını Tanrı'nın tahtından alır ve Rab'bin ve Kutsal Ruh'un şatolarının çevresi, Yeni Yeruşalim, Göksel egemenliğin birinci, ikinci ve üçüncü katları ve cennet boyunca akarak tekrar Tanrı'nın tahtına geri döner.

İnsanlar, Yaşam Suyu Irmağının iki yanında ki altından ve gümüşi kumlar üzerinde oturarak, çeşit çeşit renkte ki balıklarla sohbet ederler. Irmağın her iki yanında altından banklar vardır ve onları yaşam ağaçları çevreler. Altından banklara oturarak ve iştah kabartıcı meyvelere bakarak "bu meyveler çok lezzetli görünüyor." derseniz, hemen bir melek çiçekten bir sepet içinde size meyveyi getirir ve nazikçe onları size verir.

Yaşam Suyu Irmağının çevresinde ayrıca güzel ve yay şeklinde buluttan köprülerde vardır. Gökkuşağı renklerinden bir buluttan köprü üzerinde yürürken ve aşağıda yavaşça akan ırmağın suyunu seyrederek, gökyüzünde uçuyormuş ya da su üzerinde yürüyormuş gibi harika bir hisse kapılırsınız.

Yaşam suyu Irmağını geçtikten sonra, çeşitli çiçek ve altından çimenlerin olduğu dış avluya varırsınız ve orada iç avluda hissettiklerinizden çok daha farklı hissedersiniz.

Eğlence parkı ve çiçekten yol

Buluttan köprüyü geçtikten sonra, karşınıza içinde daha önce hiç görmediğiniz, duymadığınız veya hayal etmediğiniz pek çok trenin olduğu bir eğlence parkına çıkarsınız. Disneyland gibi yeryüzünün en iyi eğlence parkları bile bu eğlence parkıyla mukayese edilemez. Kristalden yapılmış trenler, parkın çevresinde dolanır, korsan gemisi şeklinde ki altından ve çeşitli değerli taşlardan yapılmış tren bir ileri bir geri hareket eder, neşeli bir ritimle bir atlıkarınca döner ve binenleri büyüleyen bir heyecan treni hızla yol alır. Değerli taşlarla süslenmiş bu eğlence araçları ne zaman hareket etse çok katmanlı ışık yayarlar ve sadece orada olmakla festival havasıyla dolarsınız.

Dış avlunun bir tarafında sonsuz çiçekten bir yol vardır ve tüm yol, çiçeklerle kaplanmıştır ve onların üzerinde yürürsünüz. Göksel beden öylesine hafiftir ki bir ağırlık hissetmez, çiçekleri de ezmezsiniz. Çiçeklerin kokusunu içinize çekerek bu geniş çiçekten yolda yürüdüğünüzde, çiçekler utangaç bir edayla yapraklarını kapatır ve olabildiğince geniş açarak dalgalar oluştururlar. Bu özel bir karşılama ve selamlamadır. Peri masallarında çiçeklerin kendilerine ait yüzleri vardır ve sohbetler ederler. Göklerde de durum aynıdır.

Çiçeklerin üzerinde tamamen mutluluk içinde olur ve kokuların tadını çıkarırsınız. Çiçeklerde mutluluk içinde olur ve üzerlerinde yürüdüğünüz için size şükranlarını sunarlar. Onların üzerine hafifçe bastığınız zaman, daha çok koku yayarlar. Her çiçeğin kendine has bir kokusu vardır ve her zaman farklı kokular yayarlar ki her yürüdüğünüzde yeni duygular içersinde olun. Burada çiçekten yollar her tarafa saçılmıştır ve bu göksel evin güzelliğine güzellik katar. Dolayısıyla bir kişinin evi muazzamdır ve her türlü tesisi içinde barındırır.

Hayvanların huzur içinde oynadıkları büyük düzlük

Çiçekten yolların üzerinde büyük, geniş bir düzlük ve bu düzlüğün üzerinde yeryüzünde gördüğünüz hayvanların aynısı vardır. Elbette ki diğer yerlerde farklı hayvanlarda görebilirsiniz ama burada Tanrı'ya karşı gelen ejderhalar gibi hayvanlar dışında hemen hemen her çeşit hayvan mevcuttur. Gözlerinizin önünde ki manzara size Afrika'nın geniş savanlarını hatırlatır ve hayvanlar özgürce atlayıp zıplayabilmelerine ve hiçbir çit olmamasına rağmen bulundukları yerleri terk etmezler. Yeryüzünde ki hayvanlardan daha büyükçedirler ve renkleri daha net ve parlaktır. Orman yasası burada uygulanmaz.

Tüm hayvanlar ılımlıdır. Hatta ormanların kralı kabul gören aslanlar bile saldırgan değildir ama çok uysaldır ve altuni tüyleri çok güzeldir. Ayrıca göklerde hayvanlarla özgürce konuşabilirsiniz. Kendinizi aslanlar veya fillerle bir arada koştuğunuz bu güzel doğanın keyfine varırken hayal edin. Bu, sadece peri masallarında olmaz ama kurtularak göklere nail olanların sahip olacağı bir imtiyazdır.

Şahsi kır evi ve dinlenmek için altından sandalye

Bu kişinin evi, göklerde pek çok kişinin keyfine varacağı turist merkezi gibi bir yer olmasından dolayı, Tanrı, özellikle şahsi kullanımı için bu kişiye bir kır evi vermiştir. Bu kır evi, muhteşem manzarası olan küçük bir tepeye kurulmuştur ve güzel süslemeleri vardır. Herkes bu kır evine giremez çünkü bu yer şahsi kullanım içindir. Ev sahibi orada dinlenir ve İlyas, Hanok, İbrahim ve Musa gibi peygamberleri ağırlar.

Ayrıca kristalden yapılmış başka bir kır evi daha vardır ve diğer binaların aksine bu bina oldukça berrak ve şeffaftır. Ancak buna rağmen dışarıdan içeriyi göremezsiniz ve girişi yasaktır. Bu kristal kır evinin çatısında dönmekte olan altından bir sandalye vardır. Ev sahibi bu sandalyeye oturduğunda, tüm evi zaman ve mekânın ötesinde seyredebilir. Tanrı, bu sandalyeyi özellikle bu kişi için yapmıştır ki evini ziyaret edenleri seyrederken sevinç duysun ve en önemlisi dinlensin.

Anımsama tepesi ve tefekkür yolu

İki yanında yaşam ağaçları olan tefekkür yolu zamanın durduğu izlenimini veren sakin bir ortamdır. Ev sahibi her adım attığında huzur yüreğinin derinliklerinden taşar ve yeryüzünde ki şeyler aklına gelir. Güneşi, ayı ve yıldızları düşündüğünde, başının hemen üzerinde bir ekran belirir ve böylece güneşi, ayı ve yıldızları görür. Göksel egemenlikte güneşin, ayın ve yıldızların ışığına gereksinim yoktur çünkü tüm göksel egemenlik, Tanrı'nın görkeminin ışığıyla aydınlanır. Yeryüzünde ki şeyleri düşünmesi için bu ekran onun için ayrı olarak hazırlanmıştır.

Ayrıca anımsama tepesi adı verilen bir yer daha vardır ve orası büyük bir kasabaya andırır. Burası, ev sahibinin yeryüzünde ki hayatına geri gittiği ve o hayattan kalanların toplandığı yerdir. Doğduğu evi, gittiği okulu, yaşadığı kasaba ve şehirleri, sınamalarla yüzleştiği yerleri, Tanrı ile ilk karşılaştığı yeri ve hizmete başladıktan sonra inşa ettiği ibadethanelerin hepsi kronolojik bir düzende mevcuttur. Her ne kadar malzemeler yeryüzünde ki malzemelerden aşikâr bir şekilde farklı olsa da, dünyevi hayatta ki şeyler dikkatlice kopyalanmıştır ki insanlar dünyevi hayatlarını canlı bir şekilde izleyebilsinler. Tanrı'nın yumuşak ve hassas sevgisi ne kadar da muhteşem!

Şelaleler ve adalarla dolu deniz

Tefekkür yolunda yürümeye devam ederken uzaktan gelen güçlü ve berrak bir ses duyarsınız. Bu, çeşit çeşit renklerden oluşan şelalenin sesidir. Şelalenin suyu düştüğünde, dibinde ki güzel değerli taşlar ışıl ışıl parlar. Bu, tepeden üç katman halinde Yaşam Suyu ırmağına dökülen su akıntısının seyredileceği harikulade bir manzaradır. Şelalenin iki yanında, iki veya üç katı güçlü parlayan değerli taşlar vardır ve püsküren sularla birlikte büyüleyici ışıklar yayarlar. Sadece ona bakarak kendinizi canlanmış ve enerji dolu hissedersiniz.

Ayrıca şelalenin üstünde, insanların güzel manzarayı doya doya seyredebilecekleri ve dinlenebilecekleri bir yer vardır. Buradan göksel evi bütünüyle görebilirsiniz. Manzara o kadar muhteşem ve güzeldir ki yeryüzünün kelimeleriyle layıkıyla anlatılamaz.

Şatonun gerisinde büyük bir deniz ve üzerinde çeşit çeşit büyüklüklerde adalar vardır. Tertemiz ve berrak deniz, suyun üzerine değerli taşlar çiseliyormuş gibi parlar. Berrak denizde yüzen balıkları görmek öylesine güzeldir ve daha da şaşırtıcı olanı, denizin altında inşa edilmiş yeşim yeşili güzel evlerdir. Bu dünyada, en zengin adam bile denizin altında ev sahibi olamaz.

Ancak gökler her şeyin mümkün olduğu dördüncü boyutta

olduğundan, anlayamayacağımız ve var olduklarını hayal bile edemeyeceğimiz sayısız şeyle doludur.

Titanik misali dev yolcu gemisi ve kristalden tekne

Denizde ki adalar da çeşit çeşit yabani çiçek, şakıyan kuşlar ve bu güzel manzarayı tamamlayan değerli taşlar vardır. Burada göksel vatandaşların ilgisini çekmek için kano ve sörf yarışları düzenlenir. Hafif dalgalı suların üzerinde Titaniğe andıran bir gemi süzülür ve bu gemide havuz, tiyatro ve şölen salonları gibi pek çok tesis mevcuttur. Eğer bütünüyle kristalden yapılmış şeffaf bir geminin içersindeyseniz, denizin üzerinde yürüyor hissine kapılır ve ragbi-topu şeklinde ki bir denizaltının içersinin güzelliğini duyumsarsınız.

Bu güzel yerde *Titanik* gibi bir geminin, kristalden bir teknenin veya ragbi-topu şeklinde ki bir denizaltının içersinde olabilmek ve hatta sadece bir gün geçirebilmek ne kadar da mutluluk verici! Göksel egemenlik sonsuz bir yer olduğundan, Yeni Yeruşalim'e girebilme yetkinliğini elde ettiğiniz takdirde tüm bu şeylerin tadına sonsuza dek varabilirsiniz.

Spor ve eğlence tesisleri

Golf ve bowling alanları, havuzlar, tenis kortları, voleybol ve basketbol sahaları gibi spor ve eğlence tesisleri vardır. Bunlar, ödül olarak verilir çünkü ev sahibi bu sporları yeryüzündeyken çok sevmiş ama tüm vaktini Tanrı'nın egemenliği ve Tanrı için harcadığından yapamamıştır.

Bowling lobutu şeklinde, altın ve değerli taşlardan yapılmış bowling sahasında, bütün top ve lobutlar altından yapılmıştır. İnsanlar üçlü veya beşli gruplar halinde oynar ve birbirlerine tezahürat yaparak hoşça vakit geçirirler. Toplar, yeryüzündekiler gibi ağır gelmez ve hafifçe itseniz bile oldukça güçlü bir şekilde top yolunda yuvarlanırlar. Lobutlara vurduğu zaman berrak ve güzel bir sesle birlikte parlak ışıklar yayılır.

Golf sahası, altın çimenlerin üzerine kurulmuştur. Çimenler, oyun esnasında topun yuvarlanması için otomatik olarak hareket eder ve domino taşlarının devrilmesi gibi altından dalgalar meydana getirirler. Yeni Yeruşalim'de çimenler bile efendilerinin buyruğuna uyarlar. Dahası top deliğe girdikten sonra bir bulut kümesi oynayanın ayaklarının dibinde bitiverir ve efendisini bir başka yöne hareket ettirir. Ne kadar da şaşırtıcı ve olağanüstü!

İnsanlar, havuzlarda hoşça vakit geçirirler. Göklerde kimse boğulmadığından yeryüzünde yüzme bilmeyenler bile doğal olarak burada yüzebilirler. Dahası, su giysileri ıslatmaz ama bir yaprağın üzerinden kayan çiy gibidir. İnsanlar, diledikleri zaman yüzebilirler çünkü giysilerle yüzülebilir.

Çeşitli büyüklükte göller ve bahçelerde ki fıskiyeler

Bu geniş ve büyük göksel evde farklı boyutlarda pek çok göl vardır. Gölün renkli balıklarının, Tanrı'nın çocuklarını hoşnut etmek için dans eder gibi yüzgeçlerini sallaması sesli bir şekilde sevgilerini dile getirmeye andırır. Balıkların renk değiştirdiklerini ayrıca görebilirsiniz. Gümüşi renkli yüzgecini sallayan bir balık, aniden inci rengini alabilir.

Sayısız bahçe vardır ve her bir bahçe, kendine özgü güzelliği ve özelliğine göre farklı farklı adlandırılır. Güzellikleri tam anlamıyla anlatılamaz çünkü her bir yaprağın üzerinde Tanrı'nın dokunuşu vardır.

Her bir bahçenin özelliğine uygun olarak fıskiyelerde farklıdır. Genellikle fıskiyeler su püskürtürler ama pek çok güzel rengi veya kokuyu püskürten fıskiyelerde mevcuttur. Bir inciden aldığınız katlanabilmenin kokusu, kırmızı akikten aldığınız gayret ve tutkunun kokusu, kendini kurban edebilmenin veya bağlılığın kokusu gibi yeryüzünde hiç duyumsamadığınız yeni ve değerli kokularda bulunur. Suyun fışkırdığı fıskiyenin ortasında, her bir fıskiyenin anlamını açıklayan yazı veya çizimlerle niçin yapıldığıyla ilgili bilgiler yer alır.

Bu şato misali evde pek çok farklı bina ve özel alanlarda ayrıca mevcuttur. Ancak tüm bu tesislerin detaylıca anlatılamaz oluşuna çok yazık! En önemlisi de hiçbir şeyin sebepsiz verilmediği ama her şeyin, kişinin yeryüzünde Tanrı'nın egemenliği ve doğruluğu için yaptıklarına göre ödüllendirilmiş olmasıdır.

Göklerde ki ödülünüz büyüktür

Şu ana kadar bu göksel evin hayalinizde canlandırabildiğinizden çok daha muazzam ve büyük olduğunu kavramış olmalısınız. Tam bir mahremiyetle merkezin ortasında inşa edilmiş büyük şato ve onu çevreleyen bahçeler, çeşit çeşit tesis ve binalar, göklerde ki turist merkezi gibidir. Hayallerinizin çok ötesinde büyük olan bu evin, *yeryüzünde yetiştirilmiş* tek bir insan için Tanrı tarafından hazırlandığını duyduğunuzda şaşırmaktan kendinizi alamazsınız.

Tanrı'nın bir şehir kadar büyük bu göksel evi hazırlamasının nedeni nedir? Matta 5:11-12 ayetlerine bakalım:

"Benim yüzümden insanlar size sövüp zulmettikleri, yalan yere size karşı her türlü kötü sözü söyledikleri zaman ne mutlu size! Sevinin, sevinçle coşun! Çünkü göklerdeki ödülünüz büyüktür. Sizden önce yaşayan peygamberlere de böyle zulmettiler."

Elçi Pavlus, Tanrı'nın egemenliğini yerine getirirken ne kadar çok çile çekti? Yahudi olmayanlara Kurtarıcı İsa'yı duyurduğunda, kelimelerin anlatmakta kifayetsiz kaldığı zorluk ve zulümler çekti. 2. Korintliler 11:23 ve onu izleyen ayetlerde Tanrı'nın egemenliği için ne kadar çok çalıştığını görebiliriz. Pavlus, zindana atıldı, dövüldü ve çoğu zaman ölüm tehlikesi altında müjdeyi duyurdu.

Ama Pavlus asla şikâyet etmedi ya da kin tutmadı ama Tanrı'nın sözünü uygularken sevinç ve mutluluk içindeydi. Nihayetinde Yahudi olmayanlar için dünya misyonerlik kapısı Pavlus sayesinde açıldı. Bu sebeple, doğal olarak Yeni Yeruşalim'e girdi ve Yeni Yeruşalim'de bir güneş gibi parlayan şerefe sahip oldu.

Tanrı, gayretle çalışanları ve hayatlarını kurban etme pahasına bağlı olanları sever ve onları göklerde pek çok şeyle kutsar ve ödüllendirir.

Yeni Yeruşalim Kenti herhangi bir kişi için değil ama Tanrı'nın yüreğini yansıtacak oranda yüreğini kutsallaştıran ve vazifelerini tutkuyla yerine getiren kişilerin girebileceği ve yaşayabileceği bir yerdir.

Yeni Yeruşalim'e girebilmek ve gözyaşları içinde "Baba'nın yüce sevgisi için şükranla doluyum." diyebilmek için, şevkle dolu dualar etmeniz, Tanrı'nın sözüyle Tanrı'nın yüreğini yansıtmanız ve vazifelerinizi tamamıyla yerine getirmeniz için Rab'bimiz İsa Mesih adıyla dua ediyorum.

9. Bölüm

Yeni Yeruşalim'de ki İlk Şölen

1. Yeni Yeruşalim'de ki İlk Şölen
2. Göklerde ilk grupta yer alan peygamberler
3. Tanrı'nın Nazarında Güzel Kadın
4. Tanrı'nın Tahtına Yakın Oturan Mecdelli Meryem

*Bu nedenle, bu buyrukların en
küçüğünden birini kim çiğner ve
başkalarına öyle öğretirse, Göklerin
Egemenliği'nde en küçük sayılacak.
Ama bu buyrukları kim yerine getirir
ve başkalarına öğretirse, Göklerin
Egemenliği'nde büyük sayılacak.*

- Matta 5:19 -

Yeni Yeruşalim'in Kutsal Kenti, Tanrı'nın tahtına ev sahipliği yapar ve yeryüzünde yetiştirilmiş sayısız insan arasında yürekleri bir kristal gibi berrak ve güzel olanlar, orada sonsuza dek yaşarlar. Yeni Yeruşalim'de Üçlü Birlik'in Tanrı'sı ile yaşam, hayal dahi edilemez sevgi, duygu, mutluluk ve sevinçle doludur. İnsanlar ayinlere ve şölenlere katılarak ve birbirleriyle şefkat dolu sohbetler ederek, sonu gelmeyen bir mutluluğun keyfini çıkarırlar.

Yeni Yeruşalim'de Baba Tanrı'nın bizzat Kendisi tarafından düzenlenen şölenlere katıldığınızda, gösterileri seyreder ve göksel egemenliğin farklı göksel yerlerinden gelen sayısız insanla sevginizi paylaşabilirsiniz.

Uzun süren katlanma sonunda insanın yetiştirilmesini sonlandıran Üçlü Birlik'in Tanrı'sı, sevgili çocuklarına bakarken sevinç ve mutluluk duyar.

Sevgi Tanrı'sı, İdrakin çok ötesinde duygularla dolu Yeni Yeruşalim'de ki yaşantıyı bana detaylıca ifşa etti. Kötülüğün üstesinden iyilikle gelmemin ve sebepsiz yere acı çekmeme rağmen düşmanlarımı sevebilmemin nedeni, yüreğimin Yeni Yeruşalim'in umuduyla dolu olmasıdır.

Şimdi Yeni Yeruşalim'de düzenlenecek ilk şölenden bir sahneye bakarak, bir kristal gibi berrak ve güzel olan "Tanrı'nın yüreğini" yansıtmanın ne kadar kutsayıcı olduğunu inceleyelim.

1. Yeni Yeruşalim'de ki İlk Şölen

Yeryüzünde ki gibi göklerde de şölenler vardır ve bunların

sayesinde göksel yaşamın sevincini çok iyi anlayabiliriz. Bunun nedeni bir bakışta göklerin güzelliğini ve zenginliğini görebileceğimiz ve keyif çıkaracağımız saygın yerlerin olmasıdır. Nasıl yeryüzünde bir ülkenin başbakanı tarafından verilen şölenlere insanlar kendilerini en güzel şekilde süsleyerek geliyor, yiyor, içiyor ve en iyi yiyeceklerin keyfine varıyorlarsa, göklerde ki şölenler de dans, ilahi ve mutlulukla doludur.

Salondan yükselen ilahinin güzel sesi

Yeni Yeruşalim'in şölen salonu oldukça muazzam ve muhteşemdir. Girişi geçer ve sonunu göremediğiniz bir odaya girerseniz, zaten duyumsamakta olduğunuz güçlü hislere göksel müziğin güzel ezgileri katılır.

İhtişam, zamanın başlangıcından önce
var olan ışıktır.
Her şey, bu orijinal ışıkla
aydınlanır.
Oğullarını doğurmuş
melekleri yaratmıştır.

Görkemi,
göklerin ve yeryüzünün
çok üstünde ve olağanüstüdür.
Güzellik,
bir başına yayıldığı
görkemidir.
Yüreğini yaymış ve

yeryüzünü yaratmıştır.
Yüce sevgisine küçük dudaklarla
Ezgiler söyle!
İlahileri alan ve sevinçle coşan Rab'be
Ezgiler söyle!
O'nun kutsal adını yücelt
ve sonsuza dek O'na ezgiler düz!
O'nun ışığı ihtişamla doludur
ve övgüler yağdırmaya layıktır.

Müziğin berrak ve tatlı sesi, bir bebeğin annesinin göğsünde hissettiği huzuru ve heyecanı vermek için ruhun içinde erir.

Şölen salonunun beyaz taşlarla bezenmiş büyük kapısı, çeşit çeşit renk ve şekilde göksel çiçeklerle süslenmiştir ve kapıya güzel bir kabartma işlenmiştir. Yeni Yeruşalim'in her köşesinde Tanrı'nın çocukları için hissettiği şefkatli sevginin izlerini en ince detaylarına kadar görebilirsiniz.

Beyaz taştan kapıyı geçme

Sayısız insan, bir sıra halinde şölen salonunun güzel ve büyük kapısından geçer. Yeni Yeruşalim'de yaşayanlara öncelik tanınır. Diğer göksel yerlerden gelenlerin taktığı taçlardan daha uzun altından taçlar takarlar ve bu taçlar tatlı ve güzel ışıklar yayar. İnsanlar, parlak ve göz alıcı ışıklar yayan tek parçadan beyaz bir giysi giyerler. Dokuması hafif ve ipek gibi yumuşaktır. Öne arkaya doğru dalgalanır.

Altın ve çeşitli değerli taşlarla süslenmiş giysinin boyun ve kollarında ışıl ışıl parlayan değerli taşlardan işlemeleri vardır ve bu değerli taş ve desenler, kişilerin aldıkları ödüllere göre farklılık gösterir. Yeni Yeruşalim sakinlerinin güzelliği ve saygınlığı, diğer göksel yerlerden gelenlerden tamamıyla farklıdır.

Yeni Yeruşalim'de yaşayanların tersine, göksel egemenliğin diğer yerlerinde yaşayanlar şölene katılmak için belli bir işlemden geçerler. Göksel egemenliğin birinci, ikinci, üçüncü katlarından ve cennetten gelenler, Yeni Yeruşalim için özel giysiler giyerek üstlerini değiştirirler. Geldikleri göksel yerlere göre göksel bedenlerinin yaydığı ışık farklılık gösterdiğinden, yaşadıkları yerlerden çok daha yukarıda yerleri ziyaret edenler uygun giysiler ödünç almak zorundadırlar.

Bu sebeple giysilerin değişimi için ayrı bir yer vardır. Yeni Yeruşalim'in pek çok giysisi vardır ve melekler bu kişilere üzerlerini değiştirmekte yardım ederler. Ancak her ne kadar sayıca az da olsalar, cennetten gelenler üzerlerini meleklerin yardımı olmadan kendileri değiştirirler. Giysilerini Yeni Yeruşalim'in giysileriyle değiştirir ve bu giysilerin görkeminden derinden etkilenirler. Hala üzgün hissederler çünkü hak sahibi olmadıkları giysileri giymektedirler.

Göğün birinci, ikinci, üçüncü katı ve cennetten gelenler, giysilerini değiştirir ve girmek için şölen salonunun girişinde bekleyen meleklere davetiyelerini gösterirler.

Işıl ışıl ve muhteşem şölen salonu

Melekler sizlere şölen salonunun yolunu gösterdiğinde parlak ışıkların, şölen salonunun büyüklüğü ve ihtişamının sizi etkilemesine mani olamazsınız. Salonun lekesiz ve kusursuz zemini beyaz taşın rengiyle parlar ve her köşede birçok sütun vardır. Yuvarlak sütunlar cam duruluğundadır ve iç kısımlar ise eşi görülmemiş bir güzellik yaratmak için çeşit çeşit değerli taşla süslenmiştir. Her sütundan bir çiçek demeti şölenin kalitesine ve havasına daha güzellik katmak için salınır.

Beyaz mermer ve pırıl pırıl parlayan kristalden yapılmış bir şölen salonuna davet edilmek, mutluluk verici ve duygulandırıcıdır. Pek çok göksel değerli taştan yapılmış göksel salon ne kadar daha güzel ve mutluluk verici olmalı?

Yeni Yeruşalim'in şölen salonunun önünde, zamanda geriye gitmiş ve kadim bir imparatorun taç giyme törenine katılıyormuşsunuz gibi sizlere aziz hissettiren iki sahne vardır. Yüksekte kalan sahnenin ortasında Baba Tanrı'nın beyaz taşlardan yapılmış büyük tahtı yer alır. Tanrı'nın tahtının sağında Rab, solunda ki tahtta ilk şölenin onur konuğu oturur. Bu tahtlar parlak ışıklarla çevrilmiştir ve çok yüksekte, olağanüstü görünümdedirler. Alçak sahnede ise, göksel mertebelerine göre sıralanmış peygamberler yer alır ve Baba Tanrı'nın görkemini dile getirirler.

Bu şölen salonu, davet edilen sayısız göksel vatandaşa ev sahipliği yapacak kadar büyüktür. Şölen salonunun bir yanında başmeleğin orkestra şefi olduğu bir göksel orkestra vardır. Bu orkestra, sadece şölen başladıktan sonra değil ama öncesinde de çalarak sevinç ve mutluluğa can katar.

Meleklerin rehberliğinde masalara oturtulmak

Melekler, şölen salonuna girenlere önceden ayrılmış yerlerini gösterir ve Yeni Yeruşalim'den katılan en önce olmak üzere sırasıyla göğün üçüncü, ikinci ve birinci katlarından ve cennetten gelenler oturtulur.

Göğün üçüncü katından gelenlerin giydiği taçlar, Yeni Yeruşalim'den katılan taçlarından tamamıyla farklıdır ve onlar, Yeni Yeruşalim'den katılanlardan kendilerini ayırmak için taçlarının sağ tarafına bir işaret koyarlar. Göğün birinci ve ikinci katından katılanlar, kendilerini göğün üçüncü katı ve Yeni Yeruşalim'den gelenlerden otomatik olarak ayırması için göğüslerinin sol tarafına yuvarlak bir işaret koymak zorundadırlar. Ancak cennetten gelenlerin taç takmasına gerek yoktur.

Yeni Yeruşalim şölenine davet edilenler sandalyelerine oturur ve şölenin ev sahibi Baba Tanrı'nın gelmesini heyecan içinde ve giysilerini düzelterek beklerler. Baba'nın gelişinin sinyalini veren borazan sesi geldiğinde tüm davetliler ev sahibini karşılamak için ayağa kalkar. O anda şölene davet edilmeyenler, göklerde belli yerlere konulmuş televizyon ekranlarından olayı seyrederler.

Borazanın sesiyle Baba salona girer

Borazanın sesiyle Baba'ya eşlik eden pek çok başmelek önden içer girer ve sonra onları imanın sevgili ataları izler. Şimdi artık herkes ve her şey Baba'yı karşılamaya hazırdır. Bu manzarayı seyreden insanlar, Baba'yı ve Rab'bi görmek için daha istekli olur ve gözlerini sabitlerler.

Sonunda parlak ve görkemli ışıkların arasında Baba Tanrı görünür. Görünüşü vakur ve ihtişamla doludur ama aynı zamanda soylu ve kutsaldır. Soylu dalgalı saçları altın gibi parlar. Bedeninden ve yüzünden öylesine parlak ışıklar yayılır ki insanlar gözlerini doğru dürüst açamaz.

Baba Tanrı tahta geldiğinde, sahnede bekleyen göksel varlıklar, melekler ve peygamberler ve şölen salonda ki tüm insanlar O'na tapınmak için başlarını eğerler. Baba Tanrı'yı, her şeyin Yaratıcı'sı ve Hükümdarı'nı bizzat görmek öylesine bir şereftir. Ne kadar sevinçli ve duygusal! Ancak tüm davetliler O'nu göremez. Cennet, göğün birinci ve ikinci katından gelenler parlak ışık yüzünden yüzlerini kaldıramazlar. Bu şölende oldukları için minnet içinde sevinç duygularıyla gözyaşları dökerler.

Rab, onur konuğunu tanıtır

Baba Tanrı, tahtına oturduktan sonra Rab, güzel ve zarif bir başmeleğin eşliğinde içeri girer. Uzun ve görkemli bir taç, parlak, beyaz ve uzun bir giysi giyer. Soylu ve görkemle dopdolu görünür. Rab, nezaket icabı önce Baba Tanrı'nın önünde eğilir, meleklerin, peygamberlerin ve tüm insanların tapınmasını kabul eder ve onlara doğru gülümser. Tahtında oturan Baba Tanrı, şölene katılan insanlara bakmaktan hoşnuttur.

Rab sahneye çıkar ve ilk şölenin onur konuğunu tanıtır ve detaylıca insanın yetiştirilmesinin sonuçlanmasına yardım eden bu kişinin hizmeti hakkında konuşur. Şölende ki insanlardan bazıları bu kişinin kim olduğunu merak eder veya bu kişinin kim olduğunu bilen diğerleri büyük beklentilerle Rab'be dikkat kesilir.

Sonunda Rab, bu kişinin Tanrı'yı ne kadar çok sevdiğini, pek çok canı kurtarmak için nasıl çok çabaladığını ve Tanrı'nın isteğini nasıl tamamıyla başardığını anlatarak sözlerini sonlandırır. Sevinç duygularıyla duygulanan Tanrı, eve başarıyla dönen oğlunu karşılayan bir baba ya da zaferle dönen generali karşılayan bir kral gibi ilk şölenin onur konuğunu karşılamak üzere ayağa kalkar. Beklenti ve heyecanla dolan şölen salonunda brozan bir kez daha çalar ve sonra şölenin onur konuğu ışıl ışıl parlayarak içeri girer.

185

Uzun ve olağanüstü bir taç, Rab'bin giysisine andıran uzun ve beyaz bir giysi giymektedir. O da soylu bir görünüm içindedir ve Baba Tanrı'yı anımsatan yüzünden onun yumuşak huyluluğunu ve merhametini duyumsarlar.

İlk şölenin onur konuğu girdiğinde insanlar ayağa kalkar ve bir dalga oluştururcasına ellerini havaya kaldırarak tezahürat ederler. Etraflarına dönüp diğerleriyle kucaklaşarak sevinç gösterilerinde bulunurlar. Örneğin, Dünya Kupası finalleri maçında kaleciyi geçip zaferi getiren gollerle kazanan ülkenin taraftarları, stadyum ve evlerde sevinç çığlıkları atarak tezahürat gösterirler. Aynı şekilde Yeni Yeruşalim'de ki şölen salonu da sevinç tezahüratlarıyla dolar.

2. Göklerde ilk grupta yer alan peygamberler

Öyleyse Yeni Yeruşalim'in sakinleri olabilmek ve ilk şölene katılabilmek için özellikle neler yapmalıyız? Sadece İsa Mesih'i kabul etmek ve Kutsal Ruh'u bir armağan olarak almakla kalmamalı ama ayrıca Kutsal Ruh'un dokuz meyvesini vermeli ve bir kristal gibi berrak ve güzel olan Tanrı'nın yüreğini yansıtabilmeliyiz. Göklerde konumlar, kişinin Tanrı'nın yüreğini yansıtabildiği ölçüye göre belirlenir.

Yeni Yeruşalim'de verilen ilk şölene Baba Tanrı salona girdikten sonra, peygamberlerde göksel mertebelerine göre O'nu izlerler. Mertebeleri yüksek olan peygamberler veya imanın ataları, Tanrı'nın tahtına daha yakın otururlar. Göksel egemenlik, derecelere dayanarak bir düzen içinde yönetildiğinden, Tanrı'nın yüreğini yansıttığımız takdirde O'nun tahtına çok yakın olacağımızı biliyoruz. Şimdi tıpkı Tanrı'nın bir kristal gibi berrak ve güzel olan yüreğini ve göklerde ki birinci grupta yer alan peygamberlerin hayatları yardımıyla, bu yüreği nasıl tamamıyla yansıtabileceğimizi inceleyelim.

İlyas, ölümü görmeden göklere yükseltilmiştir

Yeryüzünde yetiştirilen insanların içersinde en yüksek mertebeye ulaşan İlyas'tır. Kutsal Kitap sayesinde İlyas'ın hayatının her noktasında yaşayan Tanrı'ya, tek gerçek Tanrı'ya tanıklık ettiğini görebiliriz. İlyas, İsrail'in kuzey krallığında, Ahav'ın krallığında, putlara tapınmanın yaygın olduğu dönemde peygamberdi. Putlara tapınan 850 peygamberle yüzleşmiş ve göklerden ateş getirmiştir. İlyas ayrıca üç-buçuk senelik kuralık sonrasında şiddetli yağmur yağdırmıştır.

"İlyas da tıpkı bizim gibi insandı. Yağmur yağmaması için gayretle dua etti; üç yıl altı ay ülkeye yağmur yağmadı. Yeniden dua etti; gök yağmurunu, toprak da ürününü verdi" (Yakup 5:17-18).

Dahası, İlyas aracılığıyla kuraklık sona erene kadar küpten un, çömlekten yağ eksilmedi. Dul bir kadının oğlunu diriltti ve Şeria Irmağını ikiye ayırdı. Sonunda İlyas kasırgayla göklere alındı (2. Krallar 2:11).

Peki, öyleyse bizler gibi insan olan İlyas'ın, Tanrı'nın gücünün eserlerini icra etmesini ve hatta ölümden bile kaçınabilmesinin sebebi neydi? Çünkü tüm hayatı boyunca yüzleştiği sınamalar karşısında Tanrı'yı yansıtan kristal gibi berrak ve güzel olan yüreğe sahip olmayı başarmıştı. İlyas, her koşul altında tamamıyla Tanrı'ya güvendi ve her zaman O'na itaat etti. Tanrı ona buyurduğunda İlyas kendisini öldürmek isteyen kral Ahav'ın karşısına çıktı ve sayısız insanın önünde Tanrı'nın tek gerçek Tanrı olduğunu haykırdı. Tanrı'nın gücünü almasının sebebi buydu ve O'nu fazlasıyla yüceltmek için Tanrı'nın gücünün eserlerini icra etti ve sonunda sonsuza kadar tadına varacağı onur ve görkemin sahibi oldu.

Hanok 300 yıl Tanrı yolunda yürüdü

Peki ya Hanok'un durumu? Tıpkı İlyas gibi Hanok'da ölümü görmeden göklere alındı. Kutsal Kitap her ne kadar Hanok'tan fazla bahsetmiyor olsa da onun Tanrı'nın yüreğini ne kadar çok yansıttığını anlayabiliriz.

"Hanok 65 yaşındayken oğlu Metuşelah doğdu. Metuşelah'ın doğumundan sonra Hanok 300 yıl Tanrı yolunda yürüdü. Başka oğulları, kızları oldu. Hanok toplam 365 yıl yaşadı. Tanrı yolunda yürüdü, sonra ortadan kayboldu; çünkü Tanrı onu yanına almıştı" (Yaratılış 5:21-24).

Hanok, Tanrı ile yürümeye 65 yaşında başladı. Tanrı'nın nazarında sevilir bir kişiydi çünkü Tanrı'nın yüreğini yansıtıyordu. Tanrı, çok derinden onunla iletişim kurmuş, 300 yıl onunla yürümüş ve bizzat Kendisine yakın olan yere almıştı. Burada "Tanrı yolunda yürüdü" demek, Tanrı'nın her şeyde bu kişiyle birlikte olduğu ve 3 asır boyunca Hanok her nereye gittiyse onunla olduğu anlamına gelir. Eğer bir seyahate çıkacaksanız nasıl bir insanla gitmeyi isterdiniz? Eğer düşüncelerinizi paylaşabildiğiniz kişiyle çıkıyorsanız hoş bir seyahat olur. Dolayısıyla Hanok'un yürekte Tanrı ile birlikte olduğunu ve böylece Tanrı yolunda yürüdüğünü kavrarız.

Tanrı özünde ışık, iyilik ve sevgi olduğundan, Tanrı yolunda yürüyebilmek için içimizde karanlık olmamalı ama taşan bir sevgi ve iyilik olmalıdır. Hanok, her ne kadar günahla dolu bir dünya da yaşamış olsa da kendini kutsal olarak muhafaza edebilmiş ve insanlara Tanrı'nın isteğini bildirmişti (Yahuda 1:14). Kutsal Kitap, Hanok'un büyük bir iş başardığından ya da özel bir vazife yerine getirdiğinden bahsetmez. Ancak Hanok Tanrı'dan korktuğundan, kötülükten kaçındığından ve Tanrı yolunda yürüyebilmek için kutsal bir yaşam sürdürdüğünden, Tanrı Hanok'u çok daha çabuk alarak yakına getirmiştir.

Bu sebeple, İbraniler 11:5 bize şöyle der, *"İman sayesinde Hanok ölümü tatmamak üzere yukarı alındı. Kimse onu bulamadı, çünkü Tanrı onu yukarı almıştı. Yukarı alınmadan önce Tanrı'yı hoşnut eden biri olduğuna tanıklık edildi."* Tanrı'yı hoşnut eden bir imana sahip olan Hanok, her zaman Tanrı yolunda yürümek için kutsanmış, ölümü tatmadan göklere alınmış ve göklerde ki ikinci dereceli kişi olmuştur.

İbrahim Tanrı'nın dostu olarak çağrılmıştır

Tanrı'nın dostu olarak çağrılan ve göklerde ki üçüncü

derecede ki kişi olan İbrahim'in nasıl güzel bir yüreği vardı? İbrahim, Tanrı'ya tamamıyla güvendi ve O'na bütünüyle itaat etti. Tanrı'nın buyruğuyla ana yurdunu terk ettiğinde, gideceği yeri bile bilmiyordu ama itaatle evini ve gelir sağladığı yeri terk etti. Dahası, yakmalık bir sunu olarak 100 yaşında sahip olduğu oğlu İshak'ı kurban vermesi buyrulduğunda, hemen itaat etmiştir. Kudretli ve iyi Tanrı'ya, O'nun ölümden dirilteceğine güvenmişti. Ayrıca İbrahim asla bencillik belirtisi göstermemişti. Örneğin, yeğeni Lut'un malı mülkü çok olduğundan bir arada kalamayacakları zaman, İbrahim önce Lut'un karar vermesini istemiş ve şöyle demişti: *"Avram Lut'a, 'Biz akrabayız' dedi, 'Bu yüzden aramızda da çobanlarımız arasında da kavga çıkmasın. Bütün topraklar senin önünde. Gel, ayrılalım. Sen sola gidersen, ben sağa gideceğim. Sen sağa gidersen, ben sola gideceğim'"* (Yaratılış 13:8-9).

Bir keresinde pek çok kral bir araya gelmiş, Sodom ile Gomora kentlerini istila etmiş ve Sodom'da yaşamakta olan yeğeni Lut'ta aralarında olmak üzere tüm mallara, mülklere ve yiyeceklere el koymuşlardı. Bunun üzerine İbrahim, kendi evinde doğup büyüyen 318 adamını alarak kralların karşısına çıkmış ve el konulan malları, mülkleri ve yiyecekleri geri getirmişti. Sodom Kralı İbrahim'e alınan malların bir kısmını minneti karşılığında vermek istemişti ama o, bunu reddetmişti. İbrahim bunu, kutsamaların sadece Tanrı'dan geldiğini kanıtlamak için yapmıştı. Ayrıca İbrahim, bir kristal gibi saf ve güzel olan bir yürekle Tanrı'nın görkemi için imanla itaat etmişti. Bu sebeple Tanrı, İbrahim'i hem yeryüzünde hem de göklerde bolca kutsadı.

Mısır'dan Çıkış ın lideri Musa

Mısır'dan Çıkış'ın lideri Musa'nın göklerde dördüncü derece de olmasını sağlayan yüreği nasıl bir yürekti? Çölde Sayım 12:3 bize şöyle der, *"Musa yeryüzünde yaşayan herkesten daha alçakgönüllüydü."*

Yahuda, başmelek Mikail'le iblisin, Musa'nın bedeni hakkında çekiştikleri bir sahneyi betimler çünkü Musa, ölümü yaşamadan göklere alınmıştır. Musa, Mısır'da prens olduğu zaman bir Yahudi'yi döven Mısırlı'yı öldürmüştü. Bu sebeple iblis, Musa'nın ölümü görmemesinden şikâyet ediyordu.

Ancak başmelek Mikail, Musa'nın tüm günah ve kötülükleri içinden söküp attığını ve yukarı alınmak için tüm yetkinliğe sahip olduğunu iblise anlatıyordu. Matta 17'de Musa ve İlyas'ın göklerden inerek İsa ile konuştuklarını okuruz. Bu gerçeklerden Musa'nın bedenine ne olduğunu çıkartabiliriz.

Musa, işlediği cinayet dolayısıyla firavunun sarayından kaçmak zorunda kalmıştı. Sonra 40 yıl boyunca çölde sınamalarla yüzleşmiş ve firavunun sarayındayken sahip olduğu tüm kibir, arzu ve kendi doğruluğundan sıyrılmıştı. Ancak bundan sonra Tanrı, ona İsraillileri Mısır'dan çıkarma görevini vermişti.

Bir zamanlar adam öldürmüş ve kaçmak zorunda kalmış olan Musa, şimdi tekrar firavunla yüzleşmek ve 400 yıl boyunca köle olarak yaşayan İsraillileri Mısır'dan çıkarmak zorundaydı. Bu, insan düşüncesine göre imkânsız görünse de, Musa Tanrı'ya itaat etmiş ve firavunun huzuruna çıkmıştı. Herkes, milyonlarca İsrailliyi Mısır'dan çıkarıp Kenan diyarına getirecek lider olamazdı. Bu sebeple Tanrı, Musa'yı 40 yıl boyunca çölde temizlemiş ve onu tüm İsraillileri kucaklayan ve göğüs gören büyük bir kap haline

191

getirmişti. Bu şekilde Musa, sınamalar yoluyla ölümü pahasına itaat eden bir kişi olmuş ve Mısır'dan Çıkış'ın öncülüğünü yapma vazifesini yerini getirmiştir. Kutsal Kitap'tan Musa'nın ne kadar büyük olduğunu kolayca görebilirsiniz.

"Sonra RAB'be dönerek, 'Çok yazık, bu halk korkunç bir günah işledi' dedi, 'Kendilerine altın put yaptılar. Lütfen günahlarını bağışla, yoksa yazdığın kitaptan adımı sil'" (Mısır'dan Çıkış 32:31-32).

Musa, Rab'bin kitabından adının silinmesinin fiziksel ölüm anlamına gelmediğini çok iyi biliyordu. Yaşam Kitabında adları yazılmayanların cehennem ateşine – sonsuz ölüm – atılacağını çok iyi bilen Musa, insanların günahlarının bağışlanması için sonsuz ölüme atılmaya razıydı.

Musa'ya bakan Tanrı nasıl hissetmiştir? Tanrı, ondan çok hoşnuttu çünkü Musa, günahtan nefret eden ve günahkârların kurtulmasını isteyen Tanrı'nın yüreğini anlamıştı. Tanrı, Musa'nın yakarışına cevap verdi. Tanrı, Musa'yı tüm İsraillilerden çok daha değerli saydı çünkü Tanrı'nın nazarında doğru bir yüreği vardı ve kaynağı Tanrı'nın tahtının gelen yaşam suyu gibi saf ve berraktı.

Eğer fasulye büyüklüğünde kusursuz ve lekesiz bir pırlantayla, yüz kadar yumruk büyüklüğünde taş olsaydı hangisini daha değerli sayardınız? Hiç kimse ufacık bir pırlantayı alelade taşla bir tutmaz.

Bu sebeple, kendi yüreğinde Tanrı'nın yüreğini başaran Musa'nın değerini ve onun tüm İsraillilerden çok daha fazla önemli olduğunu kavrayarak, bizlerde bir kristal gibi saf ve güzel yüreklere sahip olmalıyız.

Yahudi olmayanların elçisi Pavlus

Göklerde ki beşinci derece, hayatını Yahudi olmayanlara müjdeyi duyurmaya adayan elçi Pavlus'a aittir. Her ne kadar tutkuyla ve ölümü pahasına Tanrı'nın egemenliğine sadık olsa da, Rab'bi kabul etmeden önce Hristiyanlara zulmettiğinden dolayı aklının bir köşesinde hep üzüntü duydu. Bu yüzden 1. Korintliler 15:9'da şöyle demiştir, *"Ben elçilerin en önemsiziyim. Tanrı'nın kilisesine zulmettiğim için elçi olarak anılmaya bile layık değilim."* Ama öylesine iyi bir kaptı ki Tanrı onu seçti, temizledi ve Yahudi olmayanların elçisi olarak kullandı. 2. Korintliler 11:23 ve ardından gelen ayetler, müjdeyi duyururken çektiği pek çok zorluğu detaylıca anlatır ve onun yaşamdan umudunu keserek çok fazla çile çektiğini görebiliriz. Pek çok kez dövülüp zindanlara atıldı. Yahudilerden beş kez otuz dokuzar kırbaç yedi, üç kez değnekle dövüldü, bir kez taşlandı, üç kez deniz kasasına uğradı ve bir gün bir gece açık denizde kaldı. Pek çok kez uykusuz kaldı, açlığı ve susuzluğu tattı, yiyecek sıkıntısı çekti ve soğukta çıplak kaldı (2. Korintliler 11:23-27).

Pavlus öylesine çok acı çekti ki, 1. Korintliler 4:9'da şöyle dedi, *"Kanımca Tanrı biz elçileri, en geriden gelen ölüm hükümlüleri gibi gözler önüne serdi. Hem melekler hem insanlar için, bütün evren için seyirlik oyun olduk."*

Peki, öyleyse Tanrı niçin ölümü pahasına sadık olan Pavlus'un bu kadar sıkıntı ve zulüm çekmesine izin vermiştir? Tanrı, Pavlus'u tüm bu zorluklardan koruyabilirdi ama bu zorluklarla onun yüreğini bir kristal gibi saf ve güzel kılmayı istedi. Nihayetinde, elçi Pavlus, teselli ve sevinci sadece Tanrı'da buluyor,

Göksel Egemenlik II

kendisini tamamen inkâr ediyor ve İsa Mesih'in mükemmel suretini elde ediyordu. Bu yüzden, 2. Korintliler 11:28'de şöyle diyebildi, *"Öbür sorunların yanı sıra, bütün kiliseler için her gün çektiğim kaygının baskısı var üzerimde."* Ayrıca Romalılar 9:3'de şöyle demiştir, *"Kardeşlerimin, soydaşlarım olan İsrailliler'in yerine ben kendim lanetlenip Mesih'ten uzaklaştırılmayı dilerdim. Evlatlığa kabul edilenler, Tanrı'nın yüceliğini görenler onlardır."* Böylesi kristal gibi saf ve güzel yüreğe sahip Pavlus, sadece Yeni Yeruşalim'e girmekle kalmadı ama Tanrı'nın tahtına da yakın oldu.

3. Tanrı'nın Nazarında Güzel Kadın

Yeni Yeruşalim'in ilk şölenine çoktan göz gezdirdik. Baba Tanrı, şölen salonuna girerken ardında bir kadın vardır. Baba Tanrı'ya, üzerinde çeşit çeşit mücevherlerle süslü, neredeyse yerlere kadar değen beyaz bir giysi ile eşlik eder. Bu kadın, Mecdelli Meryem'dir. Kadınların toplum arasında ki rollerinin kısıtlandığı koşullar göz önünde bulundurulduğunda, Tanrı'nın egemenliği için çok şey yapmış sayılmaz ama Tanrı'nın nazarında güzel bir kadın olduğundan göklerde ki en saygın yere girmiştir.

Tanrı'nın yüreğini yansıttıkları ölçüde derecelenen peygamberler gibi, göklerde ki kadınlar da Tanrı tarafından onaylanıp sevilmelerinin ölçüsüne göre derecelendirilirler.

Tanrı tarafından onaylanıp sevilen bu kadınlar, öyleyse ne tarz hayatlar sürdürmüş ve göklerde onurlandırılan insanlar olmuşlardır?

Dirilen Rab ile ilk Mecdelli Meryem karşılaştı

Tanrı tarafından en çok sevilen kadın, Mecdelli Meryem'dir. Uzun bir zaman karanlığa bağlı yaşamış ve diğer insanlar tarafından küçümsenmiş, hor görülmüş ve çeşitli hastalıklardan çekmiştir. Böylesi zor günlerin birinde İsa ile ilgili haberli duymuş, çok pahalı bir parfüm hazırlamış ve O'nun karşısına çıkmıştır. Bir ferisilinin evine gittiğini duyarak oraya gitmiş ama O'nunla tanışmaya can atmasına rağmen karşısına çıkacak cesareti kendinde bulamamıştır. Arkasından gitmiş, gözyaşlarıyla ayaklarını ıslatmış, saçlarıyla silmiş, kavanozu kırarak tüm parfümü üzerine dökmüştür. Bu iman eylemiyle hastalıkların verdiği acılardan sıyrılmış ve şükranla dolmuştur. Ondan sonra İsa'yı çok sevmiş, gittiği her yerde O'nu izlemiş ve tüm yaşamını O'na adayarak güzel bir kadın olmuştu (Luka 8:1-3).

Tek başına orada olmasının hayatına mal olacağını bilmesine rağmen çarmıha gerilirken ve son nefesini verirken dahi O'nun peşi sıra gitmiştir. Meryem, her şeyi, hatta kendi hayatını adayarak aldığı lütufları basitçe ödemesinin ilerisine gitmiş ve İsa'yı izlemiştir.

İsa'yı çok seven Mecdelli Meryem, İsa'yı dirildikten sonra gören ilk kişi olmuştur. İnsanlık tarihinin en yüce kadınıdır çünkü Tanrı'yı duygulandıran öylesine güzel bir yüreği ve eylemleri olmuştur.

Bakire Meryem, İsa ya gebe kalmakla kutsanmıştır

Tanrı'nın nazarında en güzel kadınlardan ikincisi de tüm insanlığın Kurtarıcısı İsa'ya gebe kalarak kutsanan

Bakire Meryem'dir. 2000 yıl kadar önce, İsa, tüm insanları günahlarından kurtarmak için bir beden olarak yeryüzüne gelmiştir. Bunun gerçekleşmesi için Tanrı'nın gözünde uygun bir kadın gerekiyordu ve o sırada Yusuf'la nişanlı olan Meryem seçildi. Tanrı, Kutsal Ruh aracılığıyla İsa'ya gebe kalacağını başmelek Cebrail yoluyla önceden bildirmişti. Meryem, insani düşüncelerden muaf, cesurca imanını şöyle dile getirmiştir, *"Ben Rab'bin kuluyum. Bana dediğin gibi olsun"* (Luka 1:38).

O zamanlar bir bakire hamile kaldığında, halk tarafından aşağılanmakla kalmaz ama ayrıca Musa'nın Yasa'sına göre taşlanırdı. Ancak yüreğinin derinliklerinde Tanrı ile hiç bir şeyin imkânsız olmadığına inanıyordu ve denildiği gibi olmasını istedi. Hayatına mal olacağını bilmesine rağmen, Tanrı'nın sözüne itaat edecek kadar iyi bir yüreğe sahipti. İsa'ya gebe kalmaktan ve O'nun Tanrı'nın gücüyle yetişmesini seyretmekten ne kadar mutlu ve şükranla dolu olmalıydı! Alelade bir kişi olan Meryem için, bu olay öylesine büyük bir kutsanmaydı.

Bu yüzden sadece İsa'yı seyretmekten dahi mutluluk duyuyordu ve kendi hayatından daha fazla O'nunkini sevdi ve O'na hizmet etti. Bu şekilde Tanrı tarafından bolca kutsandı ve göklerde ki tüm kadınların arasında Mecdelli Meryem'in yanı başında sonsuz görkeme sahip oldu.

Tanrı'nın isteği karşısında Ester hiç bir şeyden korkmadı

İmanla ve sevgiyle halkını kurtaran Ester, Tanrı'nın nazarında güzel bir kadındı ve göklerde ki en onurlu yere ulaştı.

Pers kralı Ahaşveroş, Vaşti'nin kraliyet unvanını elinden aldıktan sonra, pek çok güzel kız arasından Ester seçilmiş ve

Yahudi olmasına rağmen kraliçe olmuştu. Kral ve pek çok kişi tarafından sevilmişti çünkü ne kendini göstermeye çalışmış ne de kibirlenmişti ama zaten güzel olmasına rağmen kendini saflık ve zerafetle donatmıştı.

Kraliyet konumunda olduğu esnasında Yahudiler büyük bir krizle yüzleşti. Kralın beğendiği Agaklı Haman, Mordekay adlı Yahudi'nin eğilip yere kapanmadığını ve kendine saygı göstermediğini görünce öfkeden kudurdu. Böylece Ahaşveroş'un egemenliğinde yaşayan bütün Yahudiler'i ortadan kaldırmaya karar verdi ve bunu yapmak için kraldan izin aldı.

Ester, üç gün boyunca halkı için dua etti ve kralın huzuruna çıktı (Ester 4:16). O zamanın Pers yasalarına göre çağrılmadan kralın yanına yaklaşan her erkek ya da kadın için tek bir ceza vardı ve kral altın asasını uzatıp canlarını bağışlamadıkça bu kişiler ölüme çarptırılırdı. Üç günlük orucunun ertesinde Ester Tanrı'ya güvenerek kralın huzuruna çıktı. Tanrı'nın da yardımıyla komplo kuran Haman'ın kendisi öldürüldü. Ester sadece halkını kurtarmakla kalmadı ama kral tarafından daha da çok sevildi.

Böylece Ester'de güzel bir kadın olarak onandı ve göklerde görkemle dolu bir yere ulaştı çünkü gerçekte güçlü ve Tanrı'nın isteğini izleme konusunda hayatından vazgeçecek kadar cesurdu.

Rut'un güzel ve iyi bir yüreği vardı

Tanrı'nın nazarından güzel bir kadın olarak onanan ve göklerde ki en yüce kadınlardan biri olan Rut'un hayatını inceleyelim. Tanrı'yı hoşnut edecek ve kutsamaları alacak nasıl bir yüreği ve eylemleri olmuştu?

Moav'lı Rut, kıtlık yüzünden ailesi Moav'a göç eden

bir İsrailliyle evlenmiş ama kısa bir süre içersinde kocasını kaybetmişti. Ailesinde ki tüm erkekler çok erken öldüklerinden, kayınvalidesi Naomi ve eltisi Orpa ile yaşıyordu. Gelecekleri için endişe duyan Naomi, iki gelininden ailelerinin yanına geri dönmelerini istedi. Orpa, gözyaşları içinde evi terk etti ama Rut şu duygusal açıklamayı yaparak kaldı:

> *"Seni bırakıp geri dönmemi isteme! Sen nereye gidersen ben de oraya gideceğim, sen nerede kalırsan ben de orada kalacağım. Senin halkın benim halkım, senin Tanrın benim Tanrım olacak. Sen nerede ölürsen ben de orada öleceğim ve orada gömüleceğim. Eğer ölümden başka bir nedenle senden ayrılırsam, RAB bana daha kötüsünü yapsın"* (Rut 1:16-17).

Rut, böylesine güzel bir yüreği olduğundan asla kendi çıkarını düşünmedi, kendisine zarar geleceğini bile bile iyiliğin yolunda yürüdü, kayınvalidesine karşı vazifelerini mutluluk ve sadakatle yerine getirdi.

Rut'un kayınvalidesine olan davranışı öylesine güzeldi ki, tüm kasabalılar onun sadakatini biliyor ve onu seviyorlardı. Sonunda kayınvalidesinin yardımıyla yakın akraba olan Boaz adında bir adamla evlendi. Bir oğul doğurdu ve Kral Davut'un büyükannesi oldu (Rut 4:13-17). Dahası, Yahudi olmayan bir kadın olmasına rağmen İsa'nın soy kütüğünde yer alarak kutsandı (Matta 1:5-6), ve Ester'in yanı başında göklerde ki en güzel kadınlardan biri oldu.

4. Tanrı'nın Tahtına Yakın Oturan Mecdelli Meryem

Öyleyse Tanrı'nın bizlere Yeni Yeruşalim'de ki ilk şöleni ve peygamberlerle kadınların düzenini bildirmesinin sebebi nedir? Sevgi Tanrı'sı tüm insanların kurtuluşu elde etmesi ve göksel egemenliğe girmesini istemekle kalmaz ama ayrıca Yeni Yeruşalim'de ki tahtına yakın olmaları için yüreğini yansıtmalarını da ister.

Yeni Yeruşalim'de ki Tanrı'nın tahtına yakın oturma onuruna kavuşmak için, yüreklerimiz, bir kristal gibi berrak ve güzel olan Tanrı'nın yüreğini yansıtmalıdır. Yeni Yeruşalim Kent surlarının on iki temeli gibi güzel bir yüreği başarmalıyız.

Bu yüzden şu andan itibaren Tanrı'nın tahtına yakın yaşayarak O'na hizmet etmekte olan Mecdelli Meryem'in hayatını inceleyeceğiz. "Yuhanna'nın İncil'i hakkında konuşmalar" için dua ederken, Kutsal Ruh'un ilhamıyla Mecdelli Meryem'in hayatında çok detaylı bilgiler edindim. Tanrı, bana Mecdelli Meryem'in doğduğu aileyi, nasıl yaşadığını ve Kurtarıcımız İsa ile tanıştıktan sonra nasıl mutlu bir yaşam sürdürdüğünü ifşa etti. Tıpkı onun gibi, her şeyde tüm suçlamaları kendi üzerine alan ve Rab için hayat veren sevgiye sahip güzel ve iyi yüreği izleyerek, Tanrı'nın tahtına yakın yaşamakla ödüllendirilmenizi umut ediyorum.

Putlara tapan bir aileye doğdu

"Mecdelleli Meryem" olarak çağrılıyordu çünkü putlara tapınan Mecdelle adlı bir köyde doğmuştu. Ailesi bir istisna değildi ve dolayısıyla ciddi anlamda putlara tapınmanın bir sonucu olarak ailesinin üzerine de lanet düşmüştü. Aile, pek çok sorunlar yaşıyordu.

En kötü ruhani koşullar altında doğan Mecdelli Meryem, gastroenterik rahatsızlık yüzünden doğru dürüst yemek yiyemiyordu. Ayrıca çoğu zaman fiziksel anlamda güçsüzdü. Vücudu, her türlü hastalığa karşı savunmasızdı. Dahası, çok erken yaşta regl dönemleri sonlandığından, bir kadının en önemli fonksiyonlarından mahrum kalmıştı. Bu yüzden her daim evde kalıyor ve sanki yaşamıyormuşçasına kendini alçaltıyordu. Ailesi tarafından bile küçük görülüp, soğuk muamele edilmesine rağmen, onlardan asla şikâyetçi olmadı. Aksine onları anladı ve suçları kendi üzerine alarak onlara güç kaynağı olmaya çalıştı. Güç kaynağı olmak yerine onlara külfet olduğunu idrak ettiğinde ise ailesini terk etti. Bunun sebebi ailesinin kendisini hor görmesine duyduğu nefret ya da bezginlik değil ama külfet olmak istememesiydi.

Suçları kendi üzerine olarak elinden gelenin en iyisine çabalama

Bu arada bir adamla tanıştı ve ona güvenmeyi denedi ama bu adam oldukça kötü kalpli bir adamdı. Ailesine destek çıkmak yerine kumar oynuyordu. Mecdelli Meryem'den kendisine daha fazla para getirmesini istedi. Çoğu zaman ona bağırıyor ve onu dövüyordu.

Mecdelli Meryem, daha sağlam gelir elde edeceği iş ararken, nakış işlerine başladı. Ancak fiziksel anlamda güçsüz olduğundan ve tüm gün çalıştığından daha da güçsüzleşti ve hatta yürümek için bile birisine ihtiyaç duymaya başladı. Her ne kadar birlikte olduğu adam onun sırtından geçiniyor olsa da hiçbir zaman ona

şükran duymadı ve hatta onu daha da hor görüp küçük düşürdü.
Mecdelli Meryem ondan nefret etmedi ama aksine güçsüz bedeni yüzünden bu adama daha fazla yardım edemediği için üzüntü duydu ve onun tüm bu kötü muamelelerini makul gördü.

Anne-babasının, kardeşlerinin ve bu adamın kendisine sırt çevirdiği böylesine kötü bir durum içindeyken, güzel haberler kulağına geldi. Körlerin gözlerini açarak ve dilsizin konuşmasını sağlayarak harikalar ortaya koyan İsa ile ilgili haberleri duydu. Tüm bunları duyduktan sonra, İsa'nın ortaya koyduğu harika ve belirtiler hakkında hiçbir şüphe duymadı çünkü yüreği çok iyiydi. Aksine, İsa ile tanıştıktan sonra güçsüzlüğü ve hastalıklarından kurtulacağına iman etti.

İmanla O'nunla tanışacağı zamana özlem duydu. Sonunda İsa'nın kendi kasabasına geleceğini ve Simon adında bir ferisilinin evinde kalacağını duydu.

İmanla parfüm dökme

Mecdelli Meryem öylesine mutluydu ki nakış işlerinden biriktirdiği parayla parfüm aldı. Onun İsa ile tanıştığı an nasıl bir duygu seli içersinde olduğu layıkıyla anlatılamaz.

Yırtık pırtık elbiseleri yüzünden insanlar onu durdurmaya çalışmış ama ne var ki tutkusunu durduramamışlardı. İnsanların keskin bakışlarına rağmen Mecdelli Meryem İsa'nın karşısına çıkmış ve O'nun tatlı görüntüsü karşısında gözyaşlarına boğulmuştu.

İsa'nın karşısında ayakta durmaya cesaret edemediğinden arkasına geçti. Ayaklarına kapandığında gözyaşları sel oldu ve İsa'nın ayaklarını ıslattı. Saçlarıyla ayaklarını sildi ve bir kavanoz

parfümü onların üzerine döktü çünkü İsa öylesine kıymetliydi.
Mecdelli Meryem içtenlikle İsa'nın karşısına çıktığından kurtuluş adına günahlarından bağışlanmakla kalmadı ama ayrıca mucizevî bir şekilde tüm iç ve deri hastalıklarından iyileşti. Tüm bedeni normal fonksiyonlarına geri döndü ve yeniden regl görmeye başladı. Hastalıklar sebebiyle korkunç görünen yüzü, sevinç ve mutlulukla doldu ve güçsüz bedeni sağlığına kavuştu. Karanlıkla olan ilişkisi yiterken bir kadın olarak değerini tekrar keşfetti.

Sonuna kadar İsa'yı izleme

Mecdelli Meryem, iyileşmesinden çok daha müteşekkir olduğu bir şey yaşadı. O zamana dek kimsede rastlamadığı, adeta taşarcasına büyük bir sevgiye sahip kişiyle tanışmıştı. O andan itibaren tüm zamanını ve tutkusunu İsa'ya sevinç ve şükranla adadı. Sağlığı eski haline kavuştuğundan, parasal açıdan İsa'yı nakış işi ve diğer işlerle destekleyebiliyor ve tüm yüreğiyle O'nu izliyordu.

Mecdelli Meryem, İsa'nın yanında sadece güçlü mesajlarla insanların hayatlarını değiştirdiği ya da harikalarla belirtiler ortaya koyduğu zaman olmadı ama ayrıca Romalı askerler elinde çile çekerken ve çarmıhını taşırken de yanındaydı. Hatta İsa çarmıha gerildiğinde dahi oradaydı. Orada olmasının bile hayatına mal olacağını bilmesine rağmen, Mecdelli Meryem, çarmıhını sırtlamış İsa'nın peşinde Golgota'ya çıktı.

Tüm yüreğiyle sevdiği İsa, onca acıyı çekerken ve tüm kanıyla suyunu akıtırken, nasıl hissetmiş olmalı?

Rab, ne yapacağım?
Ne yapacağım?
Rab, nasıl yaşayabilirim?
Nasıl sensiz yaşayabilirim, Rab?

...

Keşke döktüğün kanının birazını
alabilseydim.
Keşke çektiğin acıların
birazını çekseydim.

...

Rab,
sensiz yaşayamam.
Seninle değilsem
yaşayamam.

Mecdelli Meryem, son nefesini verene dek gözlerini İsa'dan ayırmadı ve yüreğinin derinliklerine O'nun ışıldayan gözlerini ve yüzünü kazımaya çabaladı. Dahası, İsa'nın son anına kadar gözlerini O'ndan ayırmadı ve İsa'nın bedenini mezara taşıyan Aramatyalı Yusuf'u izledi.

Şafakta dirilen Rab'be tanık olma

Mecdelli Meryem, şabat gününün geçmesini bekledi ve şabat gününün ertesinde ki ilk gün şafak vakti İsa'nın vücuduna parfüm dökmek için mezarına gitti. Ama İsa'nın bedenini bulamadı. Derinden üzülmüş bir halde orada gözyaşı dökerken, Rab, Meryem'e göründü. İşte Meryem, hiç kimseye daha önce görünmeyen dirilmiş Rab'bi ilk gören kişi olarak böyle onurlandırıldı. Hatta İsa, çarmıhta öldükten sonra bile bu gerçeği kabullenmemiş ve inanmamıştı. İsa, onun her şeyiydi ve O'nu çok seviyordu. Böylesi koşullar altında, dirilen Rab ile karşılaşmaktan ne kadar mutlu olmuş olmalı! Böylesi bir duygu selinin içinde gözyaşlarını tutamadı. Önce Rab'bi tanımamıştı ama sonra yumuşak sesiyle Rab, "Meryem" diye seslendiğinde O'nu tanıdı. Yuhanna 20:17'de dirilen Rab, ona şöyle der, *"Bana dokunma! Çünkü daha Baba'nın yanına çıkmadım. Kardeşlerime git ve onlara söyle, benim Babam'ın ve sizin Babanız'ın, benim Tanrım'ın ve sizin Tanrınız'ın yanına çıkıyorum"* Rab, Mecdelli Meryem'i çok sevdiğinden, dirildikten sonra Baba'nın yanına geçmeden önce Kendini Meryem'e göstermek istemişti.

İsa'nın diriliş haberini yayma

Çok sevdiği Rab'bin dirilişine tanık olan Mecdelli Meryem'in nasıl kontrol edilemez bir şekilde mutlu olduğunu hayal edebiliyor musunuz? Sonsuza dek O'nunla kalmak istediğini dile getirmişti. Rab, onun yüreğini biliyordu ama o an Kendisiyle kalamayacağını anlatmış ve Meryem'e bir görev vermişti. İsa'nın talebelerine O'nun dirildiği haberini ulaştıracaktı çünkü İsa'nın çarmıha gerilmesinin şokuyla dağılan düşünceleri toparlanmalıydı.

Yuhanna 20:18 bize şunu anlatır, *"Mecdelli Meryem öğrencilerin yanına gitti. Onlara, 'Rab'bi gördüm!' dedi.*

Sonra Rab'bin kendisine söylediklerini onlara anlattı."
Herkesten önce Rab'bin dirilişini Meryem'in gördüğü ve bu haberi talebelere ulaştırdığı gerçeği, bir tesadüf değildi. Bu, Rab'be olan tutkulu sevgisiyle kendisini adamasının ve O'na hizmet etmesinin bir sonucuydu.

Eğer Pilatus İsa'nın yerine çarmıha gerilmeyi isteyen biri olup olmadığını sorsaydı, Meryem, ilk "evet" diyenlerden biri olurdu. Mecdelli Meryem, İsa'yı kendi hayatından çok daha fazla sevdi ve tam bir adanmayla O'na hizmet etti.

Baba Tanrı'ya hizmet etmenin onuru

Kötülükten arı, güzel bir yüreği ve ruhani sevgisi olan Mecdelli Meryem'den Tanrı çok hoşnuttu. Mecdelli Meryem, tanıştığı andan itibaren İsa'yı değişmeyen ve gerçek bir sevgiyle sevmişti. Onun iyi ve güzel yüreğini kabul eden Baba Tanrı, Meryem'in yakınında olmasını ve onun yüreğinden gelen güzel kokuyu içine çekmek istedi. Bu sebeple, zamanı geldiğinde Mecdelli Meryem'in kendisine hizmet edebilme ve hatta Tahtına dokunabilme şerefine ulaşmasını sağladı.

Baba Tanrı'nın en çok arzuladığı şey, sonsuza dek sevgisini paylaşabileceği gerçek çocuklarına sahip olmaktır. Bu nedenle insanın yetiştirilmesini planlamış, kendinden Üçlü Birlik'i oluşturmuş ve çok ama çok uzun bir süre yeryüzünde insanlarla bekleyerek direnmiştir.

Artık göksel egemenlikte ki göksel konutların hepsi hazır olduğunda, Rab, havada belirecek ve gelinleriyle birlikte düğün şölenini başlatacaktır. Sonra onların Kendisiyle birlikte bin yıl idare etmesine izin verecek ve onları göksel konutlarına taşıyacaktır. Tanrı'nın görkemiyle dolu, bir kristal gibi berrak, saf ve güzel göksel egemenlikte, sonsuza dek coşkun sevinç ve mutluluk içinde Üçlü Birlik'in Tanrı'sı ile yaşayacağız. Tanrı'yla yüz yüze gelebilecekleri ve O'nunla sonsuza dek birlikte yaşayabilecekleri Yeni Yeruşalim'e girebilenlere ne mutlu!

İki bin sene önce İsa, *"Ama İnsanoğlu geldiği zaman acaba yeryüzünde iman bulacak mı?"* (Luka 18:8) diye sormuştur. Bu gün gerçek imanı bulmak çok zordur.

Müjdeyi Yahudi olmayanlara duyurma görevini üstlenen elçi Pavlus, ölümünden biraz önce kendisi de Hristiyanlık üzerinde ki sapkın bölünme ve zulümlerden çeken manevi oğlu Timoteos'a bir mektup yazmıştır.

"Tanrı'nın ve dirilerle ölüleri yargılayacak olan Mesih İsa'nın önünde, O'nun gelişi ve egemenliği hakkı için sana buyuruyorum: Tanrı sözünü duyur. Zaman uygun olsun olmasın, bu görevi sürdür. İnsanları tam bir sabırla eğiterek ikna et, uyar, isteklendir. Çünkü öyle bir zaman gelecek ki, sağlam öğretiye katlanamayacaklar. Kulaklarını okşayan sözler duymak için çevrelerine kendi arzularına uygun öğretmenler toplayacaklar. Kulaklarını gerçeğe tıkayıp masallara sapacaklar. Ama sen her durumda ayık ol, sıkıntıya göğüs ger, müjdeci olarak işini yap, görevini tamamla. Çünkü kanım adak şarabı gibi dökülmek üzere. Benim için ayrılma zamanı geldi. Yüce mücadeleyi sürdürdüm, yarışı bitirdim,

imanı korudum. Bundan böyle doğruluk tacı benim için hazır duruyor. Adil yargıç olan Rab o gün bu tacı bana, yalnız bana değil, O'nun gelişini özlemle beklemiş olanların hepsine verecektir."

Eğer göksel egemenlik için umut besliyor ve Rab'bin görüneceği günü hasretle bekliyorsanız, Tanrı'nın sözüne göre yaşamaya çabalamalı ve yüce mücadeleyi sürdürmelisiniz. Elçi Pavlus, müjdeyi duyururken çileler çekmiş olmasına rağmen, her zaman sevinç içinde olabilmişti.

Bu sebeple, bizlerde yüreklerimizi kutsallaştırmalı ve Tanrı'yı hoşnut edebilmek için bize verilen görevlerin üzerinde işler yapmalıyız. Böylece sonsuza dek Tanrı'nın tahtına yakın yaşayarak gerçek sevgiyi paylaşabiliriz.

"Görkemin bulutlarıyla
gelen Rab'bim,
beni kucaklayacağın günü
hasretle bekliyorum.
Görkemli tahtının yanı başında
yeryüzünde paylaşamadığımız
sevgiyi paylaşacak
ve geçmişi birlikte anacağız.
O! Rab, beni çağırdığında
dans ederek
göksel egemenliğe koşacağım.
O, göksel egemenlik!"

Yazar:
Dr. Jaerock Lee

Dr. Jaerock Lee, 1943 yılında Kore Cumhuriyeti'nin Jeonnam eyaletine bağlı Muan'da doğdu. Yirmili yaşlarında yedi yıl süren ve tedavisi mümkün olmayan birçok hastalıktan çekti ve iyileşme umudu olmadan ölümü bekledi. Fakat 1947 yılının bir bahar gününde, kız kardeşi tarafından bir kiliseye götürüldü ve orada dizlerinin üzerine dua etmek için çöktüğü anda, Yaşayan Tanrı, O'nu tüm hastalıklarından bir anda iyileştirdi.

Dr. Lee, bu olağanüstü tecrübenin akabinde karşılaştığı Yaşayan Tanrı'yı o andan itibaren tüm kalbi ve samimiyetiyle sevdi ve 1978 yılında Tanrı'ya hizmet için göreve çağrıldı. Tanrı'nın isteğini tüm berraklığıyla anlayabilmek, bütünüyle yerine getirmek için kendini adayarak dua etti ve Tanrı'nın Sözüne itaat etti. 1982 senesinde Seul, Kore'de Manmin kilisesini kurdu ve bu kilisede mucizevî şifa, belirti ve harikalar gibi Tanrı'nın sayısız işleri meydana gelmektedir.

Dr. Lee, 1986 yılında Kore İsa'nın Sungkyul kilisesinin senelik toplantısında papazlığa atandı ve 1990 yılında vaazları Avustralya, Rusya ve Filipinlerde yayınlanmaya başladı; Uzakdoğu Radyo Yayın Şirketi, Asya Radyo İstasyonu ve Washington Hristiyan Radyo Sistem yayıncılık şirketleri vesilesiyle kısa zamanda pek çok ülkeye daha ulaşıldı.

1993 yılında Manmin Kilisesi Hristiyan Dünya dergisi (ABD) tarafından "Dünyanın önde gelen 50 Kilisesi"nden biri seçildi ve Dr. Lee, Florida, ABD'de bulunan Christian Faith Üniversitesi İlahiyat Fakültesinden fahri doktora derecesini aldı. 1996 yılında ise Iowa, ABD Kingsway Theological Seminary'de papazlık üzerine doktorasını yaptı.

1993 yılından beri Dr. Lee, Tanzanya, Arjantin, Los Angeles, Baltimore City, Hawaii ve ABD New York, Uganda, Japonya, Pakistan, Kenya, Filipinler, Honduras, Hindistan, Rusya, Almanya, Peru, Kongo Demokratik Cumhuriyeti, İsrail ve Estonya olmak üzere pek çok yurtdışı misyonerlik faaliyetiyle dünyaya İncil'in müjdesini duyurmaktadır.

2002 yılında, çeşitli yurtdışı misyon faaliyetlerindeki güçlü vaizliği için, Kore'nin önde gelen Hristiyan gazeteleri tarafından "Dünya Çapında Dirilişçi" kabul edilmiştir. Özellikle öne çıkan, dünyanın en ünlü arenası olan Madison Square Garden'da 2006 yılında gerçekleştirilen New York

Seferi'dir; etkinlik 220 ülkede yayınlanmıştır. 2009 yılında Kudüs Uluslararası Kongre Merkezi'nde gerçekleştirilen "Birleşmiş İsrail Seferi'nde", cesurca İsa'nın Mesih ve Kurtarıcı olduğunu ilan etmiştir. GCN TV dâhil olmak üzere, uydular aracılığıyla vaazları 176 ülkede yayınlanmaktadır. Popüler Rus Hristiyan dergisi In Victory tarafından 2009 ve 2010 yıllarının en önde gelen 10 etkin Hristiyan önderlerinden biri, Christian Telegraph haber ajansı tarafından ise güçlü TV yayıncılığıyla vaaz ve yurtdışı kilise faaliyetleri için etkin bir önder seçilmiştir.

Nisan 2017 tarihi itibarıyla Manmin Merkez Kilisesi'nin 120,000'den fazla cemaat üyesi bulunmaktadır. 56 yerel kilisesi dâhil olmak üzere dünya çapında 11,000 şube kilisesi bulunmaktadır ve Amerika Birleşik Devletleri, Rusya, Almanya, Kanada, Japonya, Çin, Fransa, Hindistan, Kenya ve daha fazlası olmak üzere 23 ülkeye 102'dan fazla rahip atamıştır.

En çok satanlar listesinde *Ölümden Önce Sonsuz Yaşamı Tatma, Hayatım ve İmanım I&II, Çarmıhın Mesajı, İmanın Ölçüsü, Göksel Egemenlik I&II, Cehennem, Uyan İsrail, Tanrı'nın Gücü* olmak üzere, bu kitabın yayınlanış tarihi itibarıyla 108 kitap yazmış ve kitapları 76'den fazla dile çevrilmiştir.

Dini makaleleri *The Hankook Ilbo, The JoongAng Daily, The Chosun Ilbo, The Dong-A Ilbo, The Seoul Shinmun, The Hankyoreh Shinmun, The Kyunghyang Shinmun, The Korea Economic Daily, The Korea Herald, The Shisa News,* ve *The Christian Press* dergi ve gazetelerinde yayınlanmaktadır.

Dr. Lee şu anda birçok misyonerlik kuruluşu ve derneğinin önderidir. Bunlardan bazıları şunlardır: Kore Birleşmiş Kutsallık Kilisesi Yöneticisi (The United Holiness Church of Jesus Christ); Dünya Hristiyanlığı Diriliş Misyon Kuruluşu (The World Christianity Revival Mission Association) Daimi Başkanı; Global Hristiyan Network (GCN - Global Christian Network) Kurucusu ve Yönetim Kurulu Başkanı; Dünya Hristiyan Doktorları (WCDN - The World Christan Doctors Network) Kurucusu ve Yönetim Kurulu Başkanı; Manmin Uluslararası Seminer (MIS-Manmin International Seminary) Kurucusu ve Yönetim Kurulu Başkanı.

Aynı Yazar Tarafından Yazılmış Diğer Etkili Kitaplar

Göksel Egemenlik I

Göksel ahalinin keyfine vardığı muhteşem güzellikte ki yaşama ortamının detaylı bir taslağı ve göksel egemenliğin farklı katlarının güzel bir açıklaması.

Çarmıhın Mesajı

Ruhani uykuda olan tüm insanların uyanmasını sağlayan güçlü bir mesaj! Bu kitapta İsa'nın niçin tek Kurtarıcı olduğunu ve Tanrı'nın gerçek sevgisini keşfedeceksiniz.

Cehennem

Tek bir canın bile cehennemin derinliklerine düşmesini arzu etmeyen Tanrı'dan tüm insanlığa içten bir mesaj! Aşağı ölüler diyarı ve cehennemin daha önce hiç açıklanmamış acımasız gerçeğini keşfedeceksiniz.

Ruh, Can ve Beden I & II

Ruh, can ve beden hakkında ruhani kavrayışa sahip olmamızı ve nasıl bir özden yaratıldığımızı keşfetmemizi sağlayan bu rehber kitap sayesinde karanlığı yenilgiye uğratmak ve ruhun insanına dönüşmek için güce sahip olabiliriz.

İmanın Ölçüsü

Sizin için gökler nasıl bir yer, ne tip bir taç ve ödül hazırlandı? Bu kitap sizlere imanınızı ölçebilmeniz ve en iyi ve en olgun imana sahip olabilmeniz için bilgi ve rehberlik sağlar.

Uyan İsrail

Niçin dünyanın başından günümüze kadar Tanrı gözlerini srail'den ayırmamıştır? Tanrı bu son günlerde İsrail için nasıl bir takdiri ilahi hazırlamıştır? Bu kitap, Mesih ile İsrail arasında ki ilişkiye ve Tanrı'nın İsrail için planladıklarına ışık tutar.

Hayatım ve İmanım I & II

Karanlık dalgalar, evlilik sorunları ve derin çaresizliklerle geçen yaşamı, Tanrı'nın sevgisiyle tekrar doğan ve okuyucularına hoş kokulu ruhani aroma yayan Dr. Jaerock Lee'nin otobiyografisi.

Tanrı'nın Gücü

Bir kişinin gerçek imana sahip olması ve Tanrı'nın olağanüstü gücünü deneyim etmesinde temel kılavuz görevi gören ve mutlaka okunması gereken bir kitap.

www.urimbooks.com

www.ingramcontent.com/pod-product-compliance
Lightning Source LLC
LaVergne TN
LVHW041802060526
838201LV00046B/1095